本书得到国家自然科学基金面上项目"儒家文化、隐性规范与企业创新：基于认知烙印与伦理约束双重视角的研究"（项目批准号：71972017）资助

关系契约、控制权收益与高管激励

田 妮 著

中国社会科学出版社

图书在版编目（CIP）数据

关系契约、控制权收益与高管激励/田妮著 . —北京：中国社会科学出版社，2021. 10

ISBN 978 - 7 - 5203 - 8655 - 5

Ⅰ. ①关…　Ⅱ. ①田…　Ⅲ. ①企业—管理人员—激励—研究

Ⅳ. ①F272. 92

中国版本图书馆 CIP 数据核字（2021）第 123350 号

出 版 人	赵剑英	
责任编辑	李庆红	
责任校对	闫　萃	
责任印制	王　超	
出　　版	中国社会科学出版社	
社　　址	北京鼓楼西大街甲 158 号	
邮　　编	100720	
网　　址	http：//www.csspw.cn	
发 行 部	010 - 84083685	
门 市 部	010 - 84029450	
经　　销	新华书店及其他书店	
印　　刷	北京君升印刷有限公司	
装　　订	廊坊市广阳区广增装订厂	
版　　次	2021 年 10 月第 1 版	
印　　次	2021 年 10 月第 1 次印刷	
开　　本	710×1000　1/16	
印　　张	12. 75	
插　　页	2	
字　　数	181 千字	
定　　价	69. 00 元	

凡购买中国社会科学出版社图书，如有质量问题请与本社营销中心联系调换

电话：010 - 84083683

前　言

过去几十年中国经济发展取得显著成就是历史的必然，必然的原因和经验有很多，其中最重要的一个就是不断改革。改革从微观层面上看就是不停地改变，不断寻求适应新情境、新问题的新方案。既然这个世界唯一不变的就是一切都在改变，那么改革显然就是正确之选。当这个国家从上到下的环境、组织、人都在不停地学习、更新，以不断适应发展的需要，你就能深刻感受到全社会的活力与动力，经济的快速发展就是必然的结果。带着这种思考到经济学理论中去寻找解释，制度经济学可能是最恰当的视角。

尽管中国经济发展的实践已为世人瞩目，但从科学研究上来讲，我们还没有把这个"故事"讲得足够好，还没有把中国发展的历程与经验进行总结并融入主流经济学理论中去，我们的声音还不够清晰，不够响亮。中国有独特的文化、制度和理论，我们充满了自信，但是，作为研究者，还需要在全球视野下，首先把我们的自信用现有国际主流理论体系的话语阐释清楚，其次形成能融合并升华主流理论的新理论。从这个角度来看，中国研究者们任重道远。

本书的主体部分是我的博士论文和近些年所承担的相关研究课题的成果汇总。我的博士论文从选题到文献研究、理论梳理、实证检验、撰写成文，先后历经数年之久，其间中国经济和中国企业一路高歌猛进，书写了无数波澜壮阔载入史册的历史故事，但公司治理包括高管激励始终是企业研究中最受关注的问题之一，时至今日，仍然如此。特别是近几年，世界发展正经历百年未有之大变局，蔓延全球的新冠肺炎疫情进一步加剧了不确定性，但这只会让中国复兴的步伐走得更坚实、更自信、更从容。在这样的大历史背景下，作为企业研究者，更要讲好中国企业的故事，构建和繁荣中国特色现代企业制度和理论，为全球管理学研究贡献源自中国的经验和智慧，并尝试将基于中国情境的一般企业理论普适化，同时为中国进一步的改革寻求理论支持、提供政策建议。

理想宏大，现实微小，必须脚踏实地从细致处起步。本书聚焦中国企业高管激励的问题，基于经典文献和最新理论成果开展理论研究，基于制度经济学构建强调制度适应性特征的新理论框架，并开展相应的经验检验，研究结论对揭示中国特色公司治理规律有重要意义。首先，本书从中国情境出发，分析了基于绩效敏感性评价方法的高管激励有效性的研究未能找到一致证据的原因，指出基于传统企业理论分析高管激励问题的"最优契约论"忽略了高管激励契约的不完全性；其次，基于新制度经济学的不完全契约理论，构建了高管激励研究的"关系契约论"框架，将高管激励看作正式契约和关系契约的结合，系统分析并阐明了基于多样激励方式和多元绩效指标两个维度的有效高管激励模式的形成机理；再次基于该框架，建立了高管激励有效性分析新模型，并运用中国企业样本数据，通过国企与民企的比较研究对模型进行了验证，在此理论框架下，对在职消费、政治激励、腐败治理等问题进行了实证研究，给出了关系契约论角度的新的解释；最后，讨论了公司治理中现有的"关系"问题研究和本书的"关系契约论"研究的联系，并展望了未来的研究方向。

研究社会科学比自然科学更有乐趣，因为所思考的问题本质上都是人的问题，是我们自己的问题，而不是外部物质世界的问题。人和人所组成的组织、社会是这个世界上最复杂、最有趣、最重要的存在，这总是让人有无穷的动力和热情不停歇地思考、探究、书写，这大概是社会科学研究者们乐此不疲的根本原因。对于科学研究而言，我尚处于学步阶段，但像孩子一样，拥有对未知世界的好奇心，这是科学研究最大的乐趣和起点。站在重要的历史时间节点上，谨以此书，记录过去一段时间的思考，也希望在其中更好地梳理未来的研究方向。

更重要的，谨以此书致敬我的导师张宗益教授，我的答辩委员会主席刘星教授，是他们的谆谆教诲、楷模效应使我在前行路上永远有明灯指路，不知疲倦。

田　妮
2020 年 8 月于重庆

目　　录

第一章　绪论

第一节　问题的提出及研究意义

高管激励问题是管理学、经济学，尤其是公司治理研究中始终受到高度关注的重要问题之一，国内外研究者们的相关文献浩如烟海。

这个领域的国际主流文献曾经主要关注的是以美国为代表的成熟市场国家的高管激励问题，但现在越来越多的研究开始关注中国，不仅仅因为中国经济实力的增强，更重要的是中国与成熟市场国家的显著差异，是特别能激发研究热情的主题。

在以美国为代表的成熟市场国家，现代公司发展到今天，其治理已经从"管理层主导"模式发展到了"股东主导"模式或"市场主导"模式，高管激励模式则通过不断重构，已表现为高薪酬水平以及主要以权益激励（长期激励）为主的形式。[①] 作为新兴市场国家代表的中国，虽然在过去的较长时间里一直在不学习发达国家经验，探索改革旧的公司治理模式，高管激励的实践也在市场化改革过程中不断创新和发展，但其表现仍与美国等成熟市场国家有显著差异，甚至表现得更为错综复杂。这些现象都为研究者们分析高管激励问题，特别是中国企业的高管激励提供了广阔的空间。

20 世纪 70 年代之后，美国的高管激励随着"市场主导"模式的

---

① Cheffins Brian R.：《2008 年股市崩溃期间公司治理失败了吗？——以标准普尔 500 指数为例》，《比较》2009 年第 6 期。

演进，也发生了深刻变化，主要的激励方式虽是高管薪酬，但薪酬从传统的"依规模支付"变成了"依绩效支付"，很多企业从那时起开始在高管薪酬实践中增加采用与绩效挂钩的激励计划，尤其是上市公司大量采用了与绩效挂钩的各种浮动和长期激励计划，比如与企业股价或其他业绩指标提高挂钩的各种奖金、期权、养老金计划等，高管的薪酬结构由此变得复杂起来。伴随美国资本市场的繁荣，自20世纪90年代开始，美国上市公司高管的薪酬水平进入了高速飞涨的时代，从1992年到2000年，标准普尔500指数公司首席执行官们的实际平均薪酬（排除通胀因素后）翻了两番，从350万美元攀升至1470万美元。伴随薪酬水平高涨的是产生了越来越多的公司治理丑闻，比如安然、世通等①事件的爆发，让人们对高管激励实践产生了很多的质疑。通过分析，研究者们认识到，期权等各种与绩效挂钩的绩效薪酬的副作用就是使高管有强烈的动机去操纵企业绩效，以使行使期权获得的收入最大化，比如为支持股价上涨而进行的复杂的会计欺诈就是安然和世通丑闻的主要特征。虽然随后美国颁布了《萨班斯·奥克斯利法案》进一步加强对公司的监管，但依绩效来激励高管的基本模式并没有改变，高管薪酬水平也并没有停止上升。到了2008年爆发国际金融危机的时候，过高的高管薪酬再次被认定为其主要原因之一②。即便如此，在经济不景气的2010年，美国上市公司高管的薪酬依然居高不下，维亚康姆公司的首席执行官菲利佩·道曼获得的8460万美元的年薪就是一个明证。伴随复杂高管激励实践的争议和研究在美国从来就没有降温。

中国则与美国等成熟市场国家的情况表现出了显著差异。虽然中国上市公司也在积极尝试股权激励计划等长期激励方式，但其发展速度并不快。中国证监会于2005年12月31日颁布了《上市公司股权激励计划管理办法》（试行），国资委和财政部也于2006年9月下发

---

① 安然和世通均为美国企业，两者先后因财务造假丑闻导致巨额破产案，并因此推动了美国监管制度的改革。

② FSB（Financial Stability Board）：FSB Principles for Sound Compensation Practices – Implementation Standards, 2009.

了《国有控股上市公司实施股权激励试行办法》，但直到现在，根据德勤公司发布的《2018—2019 中国 A 股上市公司高管薪酬与激励调研报告》，2018 年度，在 3607 个样本企业中，只有 393 家上市公司公告了股权激励计划，这说明中国企业高管的薪酬结构特征与美国企业显著不同，大多数公司仍然不是依赖股权激励计划来激励高管，即使有使用过，其股权激励工具也比较单一，主要是限制性股票，期权和复合工具使用率很低。另外，经过一个快速增长期之后，近年来中国上市公司高管薪酬水平呈现出越来越复杂的状态，比如 2016 年上市公司披露的高管薪酬最高水平为 1549 万元人民币，这一水平甚至比 10 年前的 2006 年上市公司高管最高薪酬水平（中国平安副总裁梁家驹：1710 万元）还低，且同时有多家公司披露支付给高管的薪酬是 0；从全行业来看，2018 年高管最高薪酬的均值也只有 128 万元，虽然这一水平比 10 多年前已有显著增加（2006 年为 34.88 万元），但仍然比成熟市场国家的水平要低得多。另一个重要的现实情况是，对于中国经济的"顶梁柱"——国有企业，政府多次出台"限薪令"，对高管薪酬水平进行了严格限制。有很多研究指出，中国企业高管的激励形式远不止薪酬这一项，他们丰厚的职务消费和其他各种隐性收益也是中国企业高管，尤其是国企高管激励问题研究中不能忽略的。但是，党的十八大以来，随着改革和反腐的推进，我国对国有企业高管的职务消费进行了严格限制。这就使中国企业高管激励的现实状况和相关制度与美国等国家呈现出更为显著的差异，究竟应该如何去解释这种差异，又如何将其上升到理论层面，构建真正能够反映中国情境，又能与国际主流理论协调融合的分析逻辑和框架，则对研究者们提出了更大挑战，提供了更多机遇。

从目前对高管激励问题的研究来看，建立在委托代理理论基础上的"最优契约论"仍然是最基本、最主流的分析框架，当然还有"高管权力论"等众多其他分析视角。最优契约论认为面对所有者与经营者分离这一事实，要实现对高管的最优激励，使所有者收益最大化，让高管能够为了所有者的利益而努力工作，最有效的方法就是使二者的利益一致，即把高管的薪酬与所有者的收益，也就是与企业的长期绩效联系起来。这一理论正是 20 世纪七八十年代后美国企业高管薪酬大幅上涨的重要理论支持。但后来大量的实证研究发现，现实与这一理论的预期并不符合，高额薪酬并不必然带来绩效的显著提升，支付高额薪酬常常不仅没有解决代理问题，反而带来了新的代理问题，损害了所有者的利益。这使研究者们对这一理论框架产生了诸多疑问。"高管权力论"等新的分析视角在这样的背景下应运而生。"高管权力论"的主要观点是，高管薪酬之所以过度增长，原因在于高管在企业内部的实际影响力，使董事会受到管理层的控制，制定了超出对所有者利益最优的高管薪酬方案，这似乎能够部分解释高额高管薪酬及其不合理增长的原因。但是，相比于高管激励和高管薪酬的复杂现实，"最优契约论"和众多现有视角的解释力都有限，需要进一步发展、完善，以及提出新的理论框架，才能更好地分析诸多现实问题。

基于对高管激励现实和现有研究的回顾与反思，本书在已有理论和实证研究基础上，试图提出一个新的分析框架。这一框架能否对高管激励现实进行更好的解释？能否获得有力的经验研究的支持？本书将进行深入的探究。新的研究框架的建立，有利于更好地理解中国特色的高管激励实践，有利于将中国现代企业制度和公司治理特色与优势上升为一般理论，为全球公司治理研究贡献源自中国的智慧，同时，基于该框架为高管激励实践和监管提出的相应政策建议，希望能促进中国公司治理机制的进一步改革与发展，特别是国有企业的改革和发展。

第二节　相关概念的界定

高管（Top executive）与高管激励：本书提出的高管激励问题，即企业高层管理者的激励问题，在同类文献中有多种不同提法，其使用的语境和内在含义稍有不同。有些文献将这一研究主题称为"经营者激励"问题，"经营者"沿用了"现代公司所有者与经营者分离"

的这一习惯提法，是与"所有者"相对应的一个概念，在研究中其含义通常与"高管"是一致的。有很多研究"代理人激励"问题的文献也主要是研究高管激励问题，"代理人"这一提法主要沿用了委托代理理论所给出的"委托人"和"代理人"的概念。针对企业这一组织而言，最显著的委托代理关系就发生在所有者与经营者之间，所有者就是委托人，而经营者或高管则被认为是最主要的"代理人"，因此"代理人激励"强调的是企业高管的这一方面的特性。但委托代理关系无处不在，委托代理理论是解释众多社会现象的一个基本理论框架，仅用"代理人激励"并不能准确界定这一研究主题。有些文献还使用"管理者激励"这一提法，"管理者"强调的是高管作为企业生产经营活动中实施管理行为的主体的性质，与"员工"或其他"被管理者"相对应。但相对"高管"而言，这个概念的范围更广，应该还包括企业的中层、基层管理者等。因此严格来讲，虽然在有些语境下，二者是相同含义，但是"管理者激励"的研究对象应该比"高管激励"更宽泛。还有文献用"CEO激励"的提法，CEO（首席执行官 Chief Executive Officer）是企业的一个职位的名称，是企业最重要的高层管理者之一。作为企业这样一个依靠内部权威来组织交易的机制而言，这个职位上的人通常拥有最大权威，对他的激励会对企业的效率产生最重要影响，因而也是最值得关注的高管激励问题。但是，企业经营是一个团队的生产活动，尽管CEO拥有很大的控制权和影响力，也不能独自做出企业的全部决策。还有一些高层管理者，他们的行动和决策也会对企业经营和产出产生重要影响，比如企业负责生产、财务、销售的总监，或者其他副总经理等。对这些高层管理者的激励同样对企业效率有重要影响，以至于不能被忽视。因此，本书认为采用"高管激励"的提法能够较为准确地界定本书所要研究的问题，其含义就是研究那些对企业经营和产出产生重要影响的高层管理者的激励问题，而不是仅仅针对CEO的激励，也不是针对全部管理层的激励。在实证研究中，若使用数个高层管理者薪酬的平均值来表征高管激励水平，与这一提法可以吻合。当然，在高管激励的研究中，上述各种提法经常混用，但只要对所研究问题的本质的理解是相同的，采用哪个概念都不会影响研究者们的交流和对问题的认识。

关系契约：是一个经济学理论中的概念，是相对于被法庭强制执行的正式契约的一个概念。这一概念最早出现在契约法学家 MacNail 的研究中，但经济学家 Williamson 将其引入治理理论，发展成为交易成本经济学和不完全契约理论的重要基础概念。关系契约主要指契约方基于维持和发展其可持续的交易关系的意愿，即"着眼于未来的一种持续合作"（collaboration sustained by the shadow of the future），采用的一种比古典契约更加灵活和可调整的、交易特定型的契约，以更好地实现契约的根本目的——促进交易。关系契约的特点是自我履约，不需要第三方强制执行。相对而言，正式契约是理想状态下的完美契约，是一个参照点。

控制权收益：有些文献也将其称为"控制权私有收益"，是相对"所有权收益"的一种提法。在已有的主流文献中，因为存在特定的研究背景，"控制权收益"主要是指因为大股东拥有中小股东所没有的控制权，因此他们有机会获得中小股东无法获得的额外收益，这一额外收益就是大股东的"控制权收益"。但本书将对这一解释进行拓展，指出管理层通过与大股东的合作也获取了控制权收益，进而加深了对控制权收益的认识。

第三节　本书的研究思路、框架与内容

一　基本研究思路

本书的基本研究思路是首先从高管激励的复杂现实出发，回顾现有分析高管激励问题的基本理论框架、主要视角、研究发现以及存在的问题，并在引入关系契约理论的基础上，提出分析高管激励问题的新框架——关系契约论。其次，用理论模型对这一框架给出进一步的阐释。再次，本书的主体部分将基于这一框架，对高管激励的诸多现实进行新的阐释和分析，即对这一分析框架给出多角度的经验证据。最后对研究进行总结并指出对今后的高管激励研究以及实践的指导意义。

二 研究内容

本书的主要内容包括:第一,回顾分析高管激励问题研究的现有基本理论框架:"最优契约论",综述"高管权力论"等主要的研究视角和发现,重点指出最优契约论经验检验所面临的困境;第二,引入关系契约理论的主要内容,并通过理论阐述,正式提出分析高管激励问题的新框架——关系契约论;第三,利用中国公司数据对基于这一新的分析框架所提出的多个假设进行经验检验,也是从这一视角出发对高管激励的多种实践进行全新的分析和阐释,包括检验高管绩效考核中对高管总体贡献的认识、超额在职消费作为一种高管激励的激励效应、政治激励与薪酬激励的关系、反腐对高管激励的影响等特别受关注的高管激励现象;第四,把管理层控制权收益作为一种高管通过关系契约获得的激励形式,分析高管和大股东在控制权收益分享上的合作博弈,求出在均衡状态下,他们分别获得的控制权收益水平,并用这一模型解释中国企业控制权集中在"一把手"的现象;第五,梳理中国文化与公司治理的主要文献,特别是"关系"研究的主要主题,进一步厘清现有"关系"研究与关系契约论之间的联系与区别;第六,形成本书的主要结论,并给今后的高管激励研究及实践提出相应的建议,以及对今后研究的展望。

本书的技术路线和各章研究内容组织结构如图 1-1 所示。

三 研究对象和目的

本书的研究对象是改革开放以后特别是 21 世纪以及党的十八大以来中国现代企业的高管激励问题,通过对中国企业高管激励实践特别是国有企业高管激励实践和改革的考察,力争在其中找到并阐明中国实践的情境性,以说明中国采用了适应性更强的更符合中国特色社会主义发展阶段的相关制度设计。本书通过构建新的理论框架,以及开展国企、民企的比较研究,彰显中国特色制度的优势,尝试将中国相关实践和制度理论化、普适化。

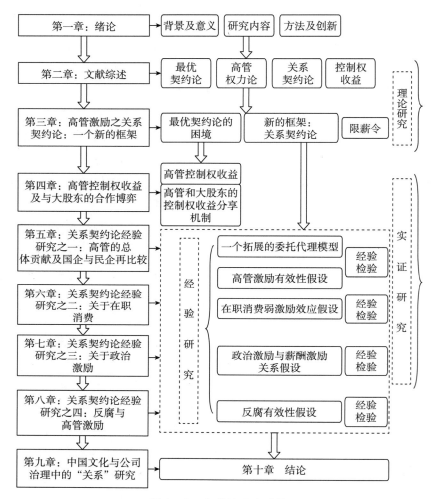

图 1-1 本书的研究路线

四 研究框架

本书包含了理论研究和实证研究以及政策研究。

理论研究包括：（1）理论回顾与借鉴：传统企业理论对中国情境尤其是国企高管激励实践的有益经验没有提出合理解释和分析，新制度经济学和不完全契约理论发展前沿，关系契约理论的主要思想和对中国企业尤其是国有企业问题的研究有显著的适用性；（2）中国现代企业高管激励制度的演化分析：对中国现代企业高管激励制度改革与发展历程和演化路径、内涵、模式和主要特征进行总结与界定；（3）中国现代企业高管激励制度理论框架的构建：基于不完全契约视角的关系契约理论，构建现代企业高管激励制度新的理论框架；（4）中国国有企业高管激励制度治理效率机理解析：基于上述理论框架，根据中国国企高管激励制度实践和最新改革方案，建立理论模型解析其治理效率机理。

实证研究包括：（5）中国情境的研究：对中国现代企业高管激励制度表现出的显著的情境性、适应性等特点和规律进行深入调研和总结与提炼；（6）治理效率比较研究：在前述新理论模型基础上，构建治理效率测度模型，比较国企与民企高管激励制度的治理效率，总结中国国有企业高管激励制度的特色和优势；（7）中国制度特色的总结与普适化：进一步总结中国制度的示范性和普适性。

政策研究包括：（8）通过上述实证研究，总结中国制度优势，也发现其不足，为中国继续深化现代企业制度建设尤其是国有企业高管激励制度改革提供指导与政策建议和对策。

第四节　研究方法与创新点

本书开展的主要工作是对高管激励问题提出了一个新的分析框架——关系契约论，并使用中国公司数据进行了多角度的实证检验，所采用的主要研究方法包括：

（1）在理论研究部分，为了提出高管激励问题研究的新框架，主要采用的方法是进行了有关文献的综述和比较，在此基础上进行了理论分析，形成新的分析框架后，还用数理模型对该框架进行了形式化，用 Matlab 生成算例对数理模型进行了验证。

（2）在实证研究部分，对关系契约论的多个假设进行经验检验时，主要采用的是计量分析方法，其中包括动态面板数据的系统广义矩估计方法（sys - GMM）、面板数据的固定效应模型、两阶段最小二乘法（TSLS）等，其中在研究反腐对高管激励的影响时，将反腐看作一项自然实验，利用双重差分法、双向固定效应模型进行了回归分析。

（3）在实证研究的高管控制权收益问题分析部分，则使用了合作博弈的分析方法，利用了合作博弈的解——夏普利值的概念，求出了高管与大股东分享控制权收益的均衡解。

本书在理论、方法上的创新主要包括以下几点。

（1）针对高管激励问题，提出了一个新的研究框架——关系契约论。当前高管激励研究的基本理论框架是"最优契约论"。本书指出"最优契约论"的相关实证研究忽视了高管激励契约的不完全性，因此很难得到与其理论预期一致的结论；同时，"高管权力论"等新的研究视角未能跳出完全契约的假设和约束，因此对现实的解释力依然有限。本书提出的"关系契约论"则是从契约的不完全性出发，基于新制度经济学不完全契约理论的关系契约理论以及交易成本经济学和其治理理论，对高管激励问题研究思路进行了大胆的拓展和创新。基于高管激励的关系契约论，本书将高管的激励契约看作正式契约与关系契约的结合，将高管激励实践中把主观的、非量化的、隐性绩效指标纳入考核的做法，和使用控制权收益、超额在职消费、政治激励等多种非薪酬激励方式的做法都看作企业所有者和高管之间形成的关系激励契约。该研究框架是对公司治理理论的有益补充，能够更好地解释高管激励的诸多复杂现实，丰富对高管激励现状的认识，特别对研究者们增强高管激励实证研究的有效性有显著意义，对现实中的企业所有者提高激励效率以及监管者加强对高管激励的监管等实践都有鲜明的指导意义。这一框架得到了针对中国企业高管激励实践的系列实证检验的支持，对中国企业高管激励的诸多复杂现实给出了新的合理解释，因此这一框架尤其显示了对分析中国特色公司治理和高管激励实践的价值，体现了中国现代国有企业高管激励制度的"中国特色"，从理论分析上彰显了我国的制度优势，将中国经验理论化、普适化，并为全球企业公司治理提供了理论和经验借鉴。

从本书分析可以看到，中国特色现代企业高管激励制度的主要特点是制度的适应性（情境性）和系统性，高管与企业之间基于对双方合作关系的重视和信任构建可在事后进行灵活调整的关系契约，这是缓解代理问题的有益做法，也是治理效率提升的关键。传统企业理论基于完全契约框架，对分析中国情境的适用性弱，尤其没有给国有企业的有效经验实践提出合理解释。关系契约理论强调契约的事后调整即适应性，适用于解释国企经理层激励制度的灵活性和情境性，也预测了这种制度的薄弱之处，即信息的不对称问题。中国特色现代企业高管激励制度的关系契约理论框架彰显了"中国特色"的合理性和普适性，可拓展为现代国有企业一般理论，适用于分析和指导各国企业尤其是国有企业公司治理实践。

（2）从高管激励的关系契约论的角度，本书指出控制权收益是高管通过关系契约所获得的激励形式之一，控制权收益通过大股东和高管合作实现。本书用合作博弈模型分析了高管和大股东对控制权收益的这种合作分享机制，用夏普利值测算了双方的均衡控制权收益水平，并得到了对解释现实有显著意义的结果。同样，本书指出在职消费也是高管通过关系契约获得的非薪酬激励之一，不过由于关系契约的自我履约性和不能被第三方证实的特点，使在职消费的内外部监管薄弱，造成了在职消费水平高但激励效应弱的现实表现，而且这一分析得到了经验数据的有力支持。

（3）从高管激励的角度，本书证实了党的十八大以后的反腐行动的有效性，这是反腐在微观企业层面有效性研究的一个新的尝试，在分析反腐对高管激励的影响时，将反腐看作一项自然实验，使用双差分法和双向固定效应模型对反腐的有效性进行了检验，这种方法的应用对更好地理解反腐对经济活动的影响也是一种新尝试。

（4）在关系契约论的实证研究中，本书对微观层面公司的面板数据采用了针对动态面板的系统广义矩估计方法（sys – GMM），这种方法对缓解时间期数 T 较小，而横截面个体数量 N 较大的动态面板数据的内生性问题是更好的选择，以前的相关研究运用的主要是混合面板方法，以及传统的最小二乘法、两阶段最小二乘法。本书通过同时使用系统广义矩估计方法和这些传统方法，并进行了相应的比较以及一系列的检验，得到了更为可靠的结果。

第二章　文献综述

本章将对高管激励研究现有的主要理论框架、主要视角和发现进行述评，并结合目前高管激励研究面临的主要困境，即最优契约论的实证检验遇到的问题，回顾相关最新理论进展，包括不完全契约理论、关系契约理论和控制权收益理论等，以便为之后的研究提出高管激励问题研究的新框架奠定基础。

第一节　高管激励研究

如前所述，高管激励问题一直是公司治理研究当中最重要的问题之一，尤其是近几十年来，企业高管薪酬水平的不断上涨和不断爆发的公司治理丑闻，使得全球各个国家和社会都对这一问题高度关注，学术界的研究热情从未降温。总体来看，对高管激励问题的研究主要遵循的是"最优契约论"的框架，最近出现的"高管权力论"虽在最优契约论的实证检验遇到困境的时候应运而生，但它仍然基于完全契约假设，因此仍未跳出"最优契约论"的框架。下面就将针对目前高管激励研究最基本的框架"最优契约论"和"高管权力论"等新视角的原理、主要研究发现、局限和发展等进行梳理和述评。这些视角主要用于分析高管的薪酬激励，除此以外，高管激励研究中还有大量文献是针对高管的非薪酬激励问题，本书也在随后进行了综述。

一　最优契约论

（一）最优契约论回顾

现代企业的主要特征就是所有者与经营者的分离，由此造成信息的不对称问题，在以完备假设为特征的新古典经济学进行效率问题分析时，没有给予足够的考虑，比如生产函数的产出最大化，公司生产活动参与方的利益最大化等问题在信息不对称时都必然发生变化，但这都没有在新古典经济学中进行充分讨论。后来进一步发展的当代经济学理论，逐步对信息不对称情况进行了重点思考与分析，由此形成了信息经济学的重要框架即委托代理理论，这一理论框架被有效应用于分析很多经济社会和企业的问题，形成了经典的现代企业理论，随之也形成了高管激励的"最优契约论"框架。

现代企业理论的基本出发点就是把企业看作一系列契约的联结（Coase，1937），而现代企业分离的所有者与经营者之间建立的就是这一系列契约关系之一，经济学家们把这种关系称为委托—代理关系，发出要约的一方或者主动缔约方，即这里的所有者，被称为"委托人"（principal），接受要约或者被动缔约方，即这里的经营者（高管），被称为"代理人"（agent）（杨瑞龙等，2005）。委托代理理论就专门研究委托代理关系，这一理论主要是由西方学者 Coase、Jensen、Meckling 和 Fama 等提出来，之后又由众多的经济学家加以扩充和发展从而形成的一种较为成熟的理论框架。在企业研究中，主要用于分析包括高管激励问题在内的公司治理问题等，也通常被看作企业理论的基本框架。因为委托—代理关系以参与方的信息不对称为主要特征，产生了代理成本的问题，委托—代理理论就针对这种非对称信息情况，对传统经济学在完备信息假设下所提出的问题进行了重新思考，即完全理性的委托人在考虑代理成本的情况下，如何设计出最优契约激励代理人，以实现委托人的利益最大化。这种不对称信息下的激励问题和机制设计也被称作信息经济学，以及企业理论和制度经济学中的完全契约理论。

分析高管激励问题的"最优契约论"就出自委托—代理理论在这一问题上的应用，对该理论的形式化分析所形成的模型采用了不确定性理论和博弈论为分析工具。在该模型中，企业产出被看作所有者的收益，而这个收益又取决于高管的努力水平，高管作为企业生产活动的重要参与方，其收益函数取决于他从所有者那里获得的报酬和自己的努力成本，二者在目标函数上的分歧导致了代理成本的产生和问题的复杂化。委托—代理理论的分析首先假设委托代理双方不存在信息不对称，把所有者收益即企业产出作为目标函数，用一个存在参与约束的最优规划，就可以直接求出帕累托有效解，其结论是此时的最优契约就是支付给代理人即高管一笔固定的工资，这笔工资与他努力的结果没有关系，而取决于他所做的工作的特性和需要他付出的努力水平（杨瑞龙、杨其静，2005），此时的风险完全由委托人承担。当然这还不是真正的委托代理问题，而是阿罗—德布鲁意义上最优化问题，只是委托代理分析的参照点。随后该理论考虑了委托人和代理人的信息不对称的情况，其中一种情况被称为道德风险问题，也就是当代理人在事后的行为是不能被委托人所观察的，或者说即使能被观察，也是不可证实的时候，这也正是高管激励问题所面临的状况。这时委托—代理模型的分析中增加了一个新的激励相容约束，若再按照信息对称时的最优方法即给予代理人固定的工资水平，代理人则必定会根据自己的利益最大化付出尽可能低的努力水平，委托人则不再可能获得与信息对称情况下一样的预期收益。Mirrlees（1976）和 Holmström（1979）等人针对这种情况的分析提出了有名的 Mirrlees - Holmström 条件，该条件的含义就是，若考虑代理人的行为是一个一维连续变量，根据一阶条件方法可知要实现目标函数的最大化即达成最优契约，需满足的条件是代理人的工资水平取决于其努力的结果，即企业的产出。但这个一阶条件并不能给出工资水平与企业产出之间的简单线性关系，而只能说明其关系取决于产出传递代理人努力水平信息的准确度（用似然比表示）。后来的理论研究进一步表明，只有当产出的分布函数满足单调似然比（即高产出表明代理人采取了高努力水平的概率越高）和凸性条件的情况下，才能用这个一阶条件求出产出与工资水平之间的明确关系，进而求出局部的极值。也就是说，只有满足这种条件的情况下，即企业产出传递的努力水平信息有足够准确度的情况下，才能求出应该给予代理人的与产出相联系的最优工资水平，实现所有者利益的最大化，而这时必然有对高产出给予高的工资水平，低产出则给予低的工资水平的决策。这就是高管激励问题研究的"最优契约论"。但此信息不对称情况下的"最优契约"并不是严格的帕累托"最优"(first best),而只是"次优"(second best),或者说,由于信息不对称导致的代理成本问题是无法完全避免的(Jensen and Meckling, 1976),因为信息不对称使监督变得很困难或成本太高昂,为满足激励相容,就必须让代理人承担过多的风险,由此便产生了"激励—风险"之间的矛盾,这种矛盾使得资源的配置发生了扭曲(Holmstrom, 1979;何亚东等, 2002)。

（二）对"最优契约论"的实证检验

上述已相对成熟的"最优契约论"至今仍是分析高管激励问题的主要理论框架,但大量对这一理论的实证检验却并未得到预期的以及一致的结论。由于最优契约论倡导将薪酬与绩效相联系,因此研究者们首先想到的就是检验二者之间的正相关关系,以 Jensen 和 Murphy(1990)的研究为起点,大量研究者检验了市场上高管薪酬的绩效敏感性,结果大多数结论却是薪酬的绩效敏感性并不高。Jensen 和 Murphy 发现美国企业高管薪酬的绩效敏感性不像最优契约论所预测的那样显著,这一研究结论甚至被称为"Jesen - Murphy 之谜",当然他们也解释了,认为有可能是企业的政治影响力限制了公司对有超常业绩的高管支付大额的报酬,因而薪酬水平的上下端都被截断,有可能是为了维持薪酬在一个经理人劳动力市场上的均衡水平,从而导致了上市公司高管激励的绩效敏感性的不显著,但这仍不足以完全解除研究者们对这一实证研究结论的疑惑。Frydman 和 Jenter(2010)的元分析文献就总结到,大多数实证研究都没有发现高管薪酬与企业绩效的显著相关性(Frydman and Jenter, 2010)。针对不同国家的实证研究也是如此,比如 Buck 等(2003)用英国数据进行了检验,结果发现英国上市公司高管的长期激励计划(LTIPs)的绩效敏感性并不高。针对中国企业的实证研究也是如此,以魏刚等(Firth et al., 2006;魏刚, 2000;Chen et al., 2013;Ke et al., 2012)为代表的结论都显示,中国企业高管的报酬与上市公司的业绩并不存在显著的正相关关系。还有方军雄等(2009)认为我国上市公司高管的薪酬的业绩敏感性存在不对称的特征,业绩上升时薪酬的增加幅度显著高于业绩下降时薪酬的减少幅度，即存在黏性特征。对于 20 世纪后期开始大量采用并成为高管薪酬主要构成的股权激励方式，研究者们的结论也不乐观，比如针对中国企业高管股权激励的研究得到的大多是与提高效率相悖的结论，例如苏冬蔚和林大庞的研究（2010）就认为有些公司将股权激励视为高管奖励而不是激励，业绩指标设置偏低，高管容易行权套现；有些公司的股权激励缺乏约束机制和有效监督，导致高管过于重视股价的短期变动，较少关注公司的长远发展。吕长江等（2011）甚至认为我国部分上市公司选择股权激励的动机是出于发放福利的目的。总的来看，对高管薪酬的绩效敏感性的检验结果并不符合预期，或者说，绩效敏感性模型对薪酬的总体解释力偏低（Barkema and Gomez‑Mejia, 1998；Frydman and Jenter, 2010），似乎企业在实际中设计或支付高管薪酬的时候，并不像最优契约论所预期的那样看重企业绩效。

为什么对"最优契约论"所倡导的薪酬与绩效相联系的做法的实证检验会产生与预期相悖的结果？从分析"最优契约论"的局限就可得到更好的理解。直观来看，因为实际中的薪酬方案往往只能将少数甚至个别易观察、易测度的绩效指标与高管薪酬关联起来，比如股价、利润等，但如前所述，最优契约论理论分析的结果和要求是，只有当企业绩效提供高管努力水平的信息足够准确时，将薪酬与绩效相联系才能实现最优激励，而仅观察一两个绩效指标，很难确保它们能够准确反映高管的努力水平。换言之，实际中使用的绩效指标反映高管努力水平的准确度有限，将这样的绩效指标与高管薪酬相联系，无法实现哪怕是"最优契约论"所描述的"次优"激励。本质上讲，这是信息的不完全或者有限理性导致的结果，从经济学的最新理论角度来看，则可以用契约的不完全性来解释这种"次优"激励也无法实现的现象。从不完全契约理论（后面将进行详细综述）的角度来看，即使存在能够准确反映高管努力水平的绩效指标，在现实中，有限理性的契约方也难以在事前就这些绩效指标达成一致，即无法在事前对这些绩效指标进行清楚界定和约定，进而也无法实现即使是"次优"的激励。所以，最优契约论相对新古典经济学理论而言，虽然已经承认了信息的不完全性（不对称性），承认了所有者不可能对高管努力水平获得完备的信息，但由于忽视了契约的不完全性，依然是一种理想状态。这样来看，最优契约论形式上的美妙带来了其结论的适用性降低，这就是"最优契约论"的局限。

当然，并不能就此否认最优契约论的贡献，作为委托代理理论在这一问题上的应用，它至今仍然是分析高管激励问题的基础框架。作为参照点，最优激励契约仍然是理论分析和实践的目标，由其相关的实证研究带来的绩效敏感性等概念，仍然是判断高管激励有效性的重要指标。最优契约论模型逻辑严密、形式优美，对成熟市场上的高管激励机制进行了高度精练的形式化，大量的经验研究在一定程度上褊狭地解析了这一理论，导致了实证检验甚至高管激励实践都过度关注高管薪酬与企业产出尤其是财务绩效的关系，这是目前"最优契约论"面临的困境，也使得研究者们看到了经典委托代理理论的不完美，特别是理论研究者们正在不断修正它。2016 年诺贝尔经济学奖得主 Holmstrom 教授就是因为对委托代理理论的重要贡献而获奖，他在获奖后的讲话中（发表于 AER）[①] 就试图"纠偏"，强调激励理论的最新发展方向就是要把激励看作一个综合的系统来进行分析。他指出，研究者们分析激励时总是通常局限于狭义的财务激励，但事实上，这些激励只是激励系统的一小部分，分析真实的激励问题需要把代理人所有的相关活动、各种不同的激励方式都考虑进去，要考虑不同情境下的不同激励。他基于基本委托代理模型给出的多任务委托代理模型，虽然对解释复杂现实中的代理人激励体系进行了有意义的尝试，但不涉及激励有效性的分析，且到目前为止相应的经验研究也很少（Holmstrom，2017）。可见，最优契约论实证检验所面临的困境已经激发了研究者们在尝试对委托代理理论进行进一步阐释，或者尝试建立新理论分析框架，这都需要重新认真审视现实中的高管激励问题。

针对最优契约论的经验研究所考虑的薪酬激励契约中的少数简单

[①] AER：The American Economic Reviewr 指《美国经济评论》，同行评审的经济学期刊。

绩效指标，虽无法准确衡量高管的努力水平，使得高管薪酬的绩效敏感性低，似乎难以证实高管激励的有效性，但这并不能说明现实中高管激励就真是无效的，越来越多的研究正在努力从新的分析视角和理论上更好地解释现实。Edmans 和 Gabaix（2016）就总结了近年来解释高管激励问题的部分主要新模型，正如他们指出的，传统的最优契约论没有很好地抓住高管激励的特征。

（三）高管激励"最优契约论"框架的不足和未来研究趋势

从上述分析可以看到，在公司治理包括高管激励问题研究上，作为传统企业理论核心的委托代理理论是其基础，由此发展出来的"最优契约论"作为主导的分析框架，主张为了实现股东利益最大化，有效的经理层薪酬制度应该将经理层薪酬与企业绩效挂钩。这一思想迎合和助推了美国等国的企业从 20 世纪六七十年代开始，为经理层提供包括股权激励计划在内的激进的薪酬水平提升方案，结果以高昂的经理层薪酬水平和不断产生的公司治理丑闻为特征的"经理主义"成为美国企业的重要特点，这也被认为是导致当前美国社会阶层出现分裂和经济出现问题的重要原因之一。同时，大量相关实证研究基于薪酬的绩效（主要是经济绩效）敏感性的测度也并没有发现这些方案有效的可靠证据。究其原因，最优契约论框架指导下的实证研究和企业实践都太过于关注经理层薪酬与企业财务绩效的关系，助长了经理层机会主义，恶化了代理问题。事实上，现实中有效的经理层薪酬制度设计考虑的因素是系统多样的，比如多种激励方式和多种绩效指标（Holmstrom，2017）。最近的"高管权力论"等替代框架对"经理主义"进行了揭示，也对"最优契约论"进行了反思，但始终还是以私有企业为原型，以股东利益最大化为目标，并没有脱离传统企业理论即完全契约理论的主体框架。

近年来，众多对英美体系以外特别是新兴市场国家的研究，增加了学者们对企业和公司治理多样化的认识，尤其是制度环境对企业的影响得到了重点关注，从制度视角研究新兴市场经济的企业问题，成为当前主要趋势。尤其对中国而言，制度适应性被认为是经济发展成功的重要经验。新制度经济学发展的最新前沿是不完全契约理论，包括交易费用理论和关系契约理论（聂辉华，2017）。不完全契约理论就是相对于完全契约理论而言的一个新的理论视角，其重要分支——"关系契约"，就是指着眼于未来的一种持续合作关系，是相对于被法庭强制执行的正式契约而言的一个经济学理论概念（Gibbons 和 Roberts，2013）。在这个概念中，"关系"的内涵是强调契约双方对长期契约关系的重视，因而会摒弃一次性交易下的短视行为，而从长期持续合作的目标出发来优化其选择和行为。新制度经济学家 Williamson 把企业解释为将生产组织在一个长期的关系契约下的机制，与另一个企业理论的"契约的联结"观点（即"完全契约观"）相较，这就是企业理论最新的"不完全契约观"。有学者已用关系契约理论分析了企业内的治理和激励问题（Levin，2003；Baker et al.，2002），指出企业内部存在很多包括非正式协议、隐性契约等在内的关系契约，管理者使用这些关系契约的能力的差异正是组织能力、绩效差异的根本原因（Blader et al.，2015）。因此，本文的研究将继续在这个方向上进行探索，将使用不完全契约理论的关系契约视角进一步深入分析企业高管激励问题，尤其是中国情境下的高管激励问题。

二　其他视角

包括 Jensen 和 Murphy 以及 Barkema 等在内的研究者（1998）首先提出了要从新的角度去分析高管激励问题，探究不断高涨的薪酬水平的更广泛的影响因素。近几年，很多这样的研究都做出了有意义的尝试，包括从管理层权力、企业规模、管理者能力和人力资本水平、市场发展等角度来解释高管激励现象，得到了一些新的发现。在所有这些新的探索中，相对比较成熟和影响力最大的是"高管权力论"。

Bebchuk 等人于 2002 年提出了企业的"高管权力论"（Bebchuk et al.，2002；Bebchuk and Fried，2003），他们首先确认了在所有者和经营者分离的现代企业中，经营者（主要指高管）在经营活动中掌握了实际的相当有影响的权力，然后他们从高管对薪酬制定过程的影响来进行研究，发现通常薪酬制定的过程都会偏离"最优契约"，因为董事会会受到高管的影响，给出超出对股东利益最优的薪酬水平，这种超额的薪酬其实就是高管获得的一种租金。另外高管还会通过自己的权力影响使用的薪酬结构，使得常常实际使用的是低效的薪酬结构，起不到激励的效果，这样又进一步损害了股东价值。即使董事会聘请了薪酬顾问来设计高管薪酬，这样做实际上也是高管在利用自己的权力掩饰其寻租行为。当然，高管运用自己的权力获取高额薪酬也不是没有限制，Bebchuk 提出了一个"愤慨成本"（outrage cost）的概念，其含义是高管获得的高额薪酬引起董事会或其他相关利益方的不满和愤慨的程度，这种程度越高，则高管的寻租行为越容易被揭露和推翻，让高管失去继续寻租的机会。因此高管会有意掩盖自己的行为，以降低这种愤慨成本。他们还认为，高管权力在薪酬制定过程中的运用所导致的股东价值的损失来自其造成的低效，而不是高管获得的超额租金本身，这才是高管权力造成的最大的成本。在高管权力理论看来，高管的薪酬激励已经不再是解决代理问题的办法，而变成了代理问题的一部分。当然他们也指出，虽然高管权力理论与最优契约论的分析角度完全不同，但并不意味着可以取代最优契约论。其实在 Bebchuk 之前和同时期，已有一些研究关注到高管在企业的这种影响力和他们由此给自己带来的收益，只是没有正式提出一个这样的理论框架。比如 Shleifer 等（1989）就建立了一个管理者堑壕模型，说明管理者如何通自己在企业的控制权，运用特定的投资来增加自己的收益。通过这种投资，经理人可以降低自己被取代的概率，攫取更高的工资和更大的特权收益，获得更大的公司战略决策权，从而形成自己的堑壕。Combs 等（2003）也在研究中发现了这种现象，他们认为经理人薪酬的溢价在一些公司是人力资本水平的表现，在另外一些公司则是管理层堑壕的后果。"堑壕"问题的研究曾一度是热门话题，这些研究也从旁佐证了高管权力论的合理性。

在高管权力理论建立起来以后，陆续有研究者开始对这一理论进行实证检验。Goergen 和 Renneboog（2011）的综述认为目前大多数高管激励的文献都支持高管薪酬是高管自利行为的结果这一观点。代表性的实证检验比如 Morse 和 Nanda（2011）的研究认为，有权力的 CEO 能够诱导董事会在激励契约中使用更容易获得更好结果的绩效指标，从而操纵了激励薪酬的制定，他们用美国公司的数据验证了这一观点。Essen 和 Otten（van Essen et al.，2012）等对 219 个基于美国数据的研究进行了元分析，结果显示，高管权力理论对于预测关键的薪酬变量，如总现金薪酬和总薪酬水平都是很合适的，但是对于预测薪酬的绩效敏感性则不那么好；在大多数 CEO 对薪酬设置过程有较大权力的情况下，他们的确得到了显著的较高的现金薪酬以及总薪酬水平，相反，当董事会被认为有更多权力的情况下，CEO 得到的现金薪酬和总薪酬水平都要低一些。另外，更有权力的董事会能够使高管薪酬与公司绩效之间的关系更紧密。"高管权力论"的影响力还体现在对现实政策的指导和解释上，2001 年和 2002 年出现一系列高管操控绩效指标的公司治理丑闻之后，美国主要的证券交易所都发布了新的董事会要求，以加强董事会的监管，Chhaochharia 和 Grinstein（2009）的研究就发现，受此要求影响大的公司的 CEO 薪酬都出现了显著的降低，这也从侧面印证了在较弱的公司治理机制下，高管更容易操控董事会行为以自利。

中国的研究者也得到了很多支持"高管权力论"的经验证据，比如黎文靖等（2007）用高管连续在位变量来定义管理层的权力，并用中国上市公司的数据检验证实，管理层权力对公司会计信息质量有显著的负向影响作用。卢锐等（2008）也用上市公司的数据检验证实管理层权力是影响高管薪酬激励及其绩效的重要因素。吴育辉等（2010）也收集了 82 家上市公司的股权激励计划草案，研究其绩效考核指标体系设计存在的问题，结果发现这些公司在其股权激励方案的绩效考核指标设计方面都异常宽松，有利于高管获得和行使股票期权，体现出明显的高管自利行为。他们 2010 年的研究（吴育辉等，2010）运用 2004—2008 年中国上市公司的数据进行检验，更是进一步显示高管的薪酬水平随着其控制权的增加而显著提高，而且非国有公司的高管更容易利用其控制权来提高自身的薪酬水平，高管高薪并未有效降低公司的代理成本，反而提高了代理成本。权小锋等（2010）的实证检验也证实中国国有企业高管的权力越大，其获取的私有收益越高，从业绩敏感性来看，管理层权力越大，薪酬与操纵性业绩之间的敏感性越大，表明随着权力增长，管理层会倾向利用盈余操纵获取绩效薪酬；通过对实际薪酬的分解，他们发现激励薪酬具有正面的价值效应，而操纵性薪酬具有负面的价值效应。

但是，"高管权力论"的理论基础还比较薄弱。提出高管权力论的 Lucian A. Bebchuk 教授是哈佛法学院的一名教授，权力首先是一个法学的概念，在经济学中，其理论基础还不坚实。虽然制度经济学中对权力已经有一些探讨，比如康芒斯就认为资源配置的决定因素不是市场，而是社会制度安排中的权力结构，加尔布雷斯甚至认为，不考虑权力作用的经济学，是毫无意义和不切实际的，现代人的经济行为不仅是一种财富的追求，同时也是一种权力的追求（张屹山等，2008）。但这些认识还不足以将权力融入主流的经济学分析中来。随着企业理论的出现，科斯提出企业内部是通过权威来发布命令实施生产的，这使得权力概念与经济学分析的距离再次拉近，但到目前为止对企业内的"权威"或者说权力的研究仍然相对薄弱。企业理论的进一步发展，或许能跨越这一鸿沟，对权力概念的界定和形式化，才有机会使得这个目前仍然是社会学、法学的概念真正成为经济学的一部分。另外，关于高管权力论的实证检验也将继续，与高管薪酬的"市场决定论"等其他观点的比较和辩论还在进行中。

研究者还从众多新的研究视角得到了对高管激励现状的不同认识，比如不少研究者就验证了高管激励水平高涨的部分合理性，Murphy 和 Zabojnik（2006）的分析认为高管薪酬上涨是因为高管的"管理能力"（可在公司间转移）的重要性相对于"公司特定的人力资本"（只在某组织内有价值）变得更大了，他们认为这是因为公司员工的供应更加有弹性了，高管管理能力的相对重要性提高，因此通常企业更倾向于外部雇用而不是内部提拔，从而造成了高管薪酬水平的上升。他们用 1970—2000 年的 CEO 工资和离职数据进行了检验，结果发现从外部雇用的 CEO 的工资通常要高一些，外部雇用很普遍的行业的 CEO 平均工资也要高一些。Gabaix 和 Landier（2008）的研究提出了一个关于 CEO 才能的竞争分配模型，这个模型在企业间跨时期地决定了 CEO 的薪酬水平，解释了 1980—2003 年 CEO 工资上涨了六倍是因为在此期间，大的美国公司在市场资本方面六倍的增长，实证检验支持了这一模型，大公司的规模解释了公司之间、跨期的以及国家之间的 CEO 工资的不同情况。Gayle 和 Miller（2009）的研究也持同样的观点，他们认为企业规模通过两个渠道产生作用：一是在大公司里，股东与管理者之间的利益冲突被放大了；二是企业规模变大以后，经理人市场变得更加差异化，因此增加了大公司高管相对小公司高管的溢价。另外，也有一些研究者使用长期历史数据分析了高管薪酬的变化趋势，比如 Frydman 和 Saks（2010）使用 1936—2005 年大的上市公司面板数据分析了高管薪酬的长期趋势，结果发现了几个新的特征，首先，高管薪酬在过去三十年的飞速上升伴随了这三十年间企业规模的快速膨胀。其次，管理层股权和期权的再估价也对样本期内的高管财富和企业市场绩效变化的相关性有重要影响，这种相关性的大小在 20 世纪 30 年代、50 年代、60 年代和 80 年代都差不多，但在过去 30 年里显著增强了。文章认为高管薪酬水平过去并没有一直像最近一些年一样，与企业的平均市场价值高度相关，可能标志着经理人市场上向高管才能竞争性匹配模型的转换。作者也认为没有一种因素能够完全解释高管薪酬的这种长期变化趋势。Kaplan 和 Rauh（2010）同样对高管薪酬的长期趋势进行了研究，他们希望了解高管薪酬的增长是否反映了整个市场的发展，其思路是，如果高管的薪酬反映了市场的成长，那么它的增长就应该与其他高薪的职业同步。因此他们收集了各种高薪职业的数据，包括投行、对冲基金、私人权益基金、共同基金等金融服务部门的雇员和经理以及律师、职业运动员、娱乐界明星等，分析了这些人群和企业高管在美国收入最高的那部分人当中占多大的比重，结果发现，这四个组的人的确在 AGI（调整后总收入）的前 0.1% 最高收入的人群中占到了 16%—22% 的比重，其中，非金融上市公司 CEO 和高管的估计是比较精确的，但都不超过 8% 的比重，而华尔街专业人士的比重和他们差不多。而且这四个组所占的比重从 1994 年到 2004 年一直在增长，非金融上市公司高管在 AGI 的前 0.1% 的人群中的比重这期间增长了 13%，但律师、对冲基金经理、私募基金和风险资本专家在其中的比重在过去 10 年到 20 年里增长非常迅速，比高管在其中的比重增长快得多。文章认为能够解释这种现象的理论可能是技能型技术变革、生产规模的扩大以及超级明星理论。Firth 和 Tam 等（1999）利用香港上市公司的数据，Gabaix（2014）用美国数据都进一步证实了企业规模是 CEO 以及执行董事的薪酬水平以及变化的主要决定因素。还有一些研究认为公司绩效不一定和高管激励水平相关，而是与薪酬结构等相关。Mehran（1995）就认为薪酬的形式而不是水平对高管的激励效果更好，他们的实证检验表明公司的绩效与高管薪酬中权益激励的比重呈正相关关系。换言之，薪酬结构是比薪酬水平更重要的影响高管行为的因素。另外，从外部视角来看，中国学者赵颖（2016）、徐细雄等（2014）、罗宏等（2016）则认为同群效应、参照点效应、攀比心理等一定程度上导致了高管薪酬的增加。

不断涌现的文献都能帮助我们管中窥豹，认识到高管激励问题特别是高管薪酬不断上涨的现实的某一方面的原因。但总体来看，这些新的视角的理论基础都还有待夯实，而且仍然有很多问题未得到合理解释，这一领域的研究期待新的突破（Frydman and Jenter，2010）。

三　高管的非薪酬激励

前述高管激励的研究，无论是理论还是实证，主要关注的是高管从企业获得的薪酬，或者叫作货币报酬，这是企业雇用高管的时候能够在契约上明示的，因而高管可以从企业获得的最正当、最直接，通常也是最主要的报酬部分。尤其是上市公司，这部分信息是必须披露的，因此也成为研究者们最容易获得的数据来源。但事实上，从早期的高管激励研究开始，研究者们就注意到，高管从企业获得的报酬并不仅仅只是显性的薪酬，而是存在很多薪酬以外的其他激励形式，或者说高管从企业获得了很多薪酬以外的额外收益。由于这种收益往往没有公开信息，或者说难以用货币衡量，因此有的研究者也将其称为"非货币报酬""隐性收益（激励）""替代激励"等。其中，在职消费、控制权收益、政治激励等是被关注最多的隐性激励形式。

Jensen 和 Meckling（1976）在最初分析代理问题和代理成本的时候就提到了，高管的特权消费是管理层实现自己利益最大化的一种手段，这种非薪酬回报导致了企业价值的减少，而这是代理关系无法避免的后果。但后来的研究者们逐步摒弃了这种将在职消费仅仅看作代理成本的观点，比如 Rajan 等（2006）就强调了在职消费是公司强化高管产出的一种激励手段，他认为完全把在职消费认为是高管过度收益的观点是不正确的。国内关注在职消费的研究者也很多，陈冬华等（2005；2010）就是其中的代表，他们的实证研究表明，由于薪酬管制的存在，我国上市公司高管的在职消费成为特别是国有企业管理人员的替代性激励，因为与民营企业中内生于公司的薪酬契约相比，国有企业中受到管制的外生薪酬安排缺乏应有的激励效率；他们后来的研究还表明市场化指数越高的年份和地区，货币薪酬和在职消费绝对量均更多，但同时货币薪酬契约更多地代替了在职消费契约；在相同年份和地区，被保护行业则会显著地抑制这一替代关系。王曾等（2014）、黎文靖等（2015）、孙世敏等（2016）进一步肯定了在职消费的激励作用，并探究了在职消费与其他激励方式之间的关系。

另外，中国的其他一些研究者，例如黄群慧（2000）、周其仁（1997）、童卫华（2005）、徐宁等（2003）等还提出，对中国企业而言，控制权也是一种高管激励形式。黄群慧认为其做法就是把授予企业控制权作为对企业家努力和贡献的回报；这种控制权激励约束机制是一种动态调整高管控制权的决策机制；中国国有企业高管控制权的特征可以概括为"控制权行政配置"与"内部人控制"共存，这是产生"59 岁现象"、过度"在职消费"等问题的根源。他们还用自增强理论从深层次说明了中国多年的改革仍不能使得国有企业高管控制权由"行政配置"转向"市场配置"的原因。周其仁认为很多"公有制企业"承认企业家（高管）人力资本产权的方式是以部分利润分享权和全部企业控制权回报企业家对企业的贡献，以此激励企业家对企业投资发展决策负最终责任和对企业管理负最终责任。在这里，企业家付出的努力和贡献与以控制权为主的总回报相对称。童卫华（2005）则认为虽然我国国有企业高管人员可以通过控制权收益来获得其人力资本的价值，但国有企业这种控制权收益激励模式不仅不能达到有效激励高管人员的目的，而且会导致高管人员利用其实际控制权损害股东利益、增加企业的交易费用、阻碍经理人市场的建立。

政治激励也是研究中国企业高管激励现象的研究者们特别强调的一种激励形式。比如，宋德舜（2004）、宋增基等（2011）、何杰等（2011）等都认为中国企业高管，尤其是国有企业高管受到了薪酬激励以外的政治激励。宋德舜以1993—2002年数据为样本，研究国有股代理人（董事长和总经理）激励对公司绩效的影响，结果发现政治激励能显著改善绩效，而货币激励和绩效没有显著关系。宋增基等的研究则发现在国有控股的企业中，政治激励、物质激励存在替代关系。何杰等在以1999—2009年中国上市公司的全样本面板数据对中国上市公司高管薪酬的现实状况、变化趋势与决定因素进行分析时发现，中国竞争性行业上市公司总经理的薪酬决定基本遵循了市场的决定逻辑，治理机制也发挥了一定的作用；而垄断性行业上市公司总经理的薪酬由于行业的行政性垄断性质，使其在决定机制上偏离了市场原则，且正是利用政治激励等方式可以使其薪酬水平在绝对意义上相对较低。

除此以外，还有一些其他形式的隐性高管激励也被注意到。Gibbons和Murphy（1992）的研究指出，高管其实还受到了职业生涯声誉的隐性激励，他们认为最优契约应该最优化职业生涯关注的隐性激励和薪酬契约的显性激励的和，因此最优薪酬契约的显性激励应该在员工快要退休时更强，因为这时员工对职业生涯的关注最弱。李春琦（2002）也指出声誉激励是重要的高管激励方式，尤其是对国有企业，他分析了声誉激励问题产生的原因以及对其实施声誉激励所面临的障碍，并针对这些障碍提出了相应的对策和建议。

另外，研究者们还指出，高管从企业获得报酬的方式也是多种多样的，不仅仅只是被动地领取薪酬这么简单，而是存在大量的"私有收益"。比如Amihud（1981）指出高管可以通过选择低风险的投资项目来实现自己个人利益的最大化，Shleifer和Vishny（1989）也指出，高管可以通过特定的投资来增加自己的收益，通过这种投资，经理人可以降低自己被取代的概率，赚取更高的工资和更大的特权收益，获得更大的公司战略决策权，他们将其称为高管为自己建立的"堑壕"。李善民等（2009）等的研究也认为中国上市公司并购已经成为高管谋取私有收益的机会主义行为，通过发动并购行动高管获得更高的薪酬和在职消费，其中高管发动并购事件谋求在职消费的私有收益动机最为明显。当然这些研究与高管权力论的研究殊途同归。

四　国企高管激励

国有企业是中国特色社会主义经济的"顶梁柱"，过去几十年里，中国国有企业伴随中国经济发展取得了全球瞩目的成就，同样，国有企业作为世界各国常见的企业类型，在当代全球经济发展中也扮演着重要角色。但是国际主流管理学和企业研究对国有企业并未给予应有的关注，存在着对国有企业效率低下的成见，甚至演变为国与国竞争中对经济模式的指责。构建和繁荣中国特色现代国有企业制度理论，并着力将其发展成普适性的国有企业一般理论，为全球管理学研究贡献源自中国的经验和智慧，彰显制度自信，这是中国研究者们的重要历史使命。

（一）针对国有企业研究的重要意义

国有企业是世界各国常见企业形态，但是国际主流管理学研究长期以来不太关注国有企业，且存在国企效率低下的成见，其根本原因是现有企业理论诞生在以私有企业为主导企业形态的 20 世纪的美国，是新自由主义经济学的重要组成部分。从这一企业理论出发，往往认为国企有显著的委托代理问题，国家所有权施加了非经济绩效要求，从而使得国有企业的绩效比私有企业差。但是，21 世纪的国有企业经过不断创新发展，国家所有权水平、治理模式都发生了很大变化，以一种混合组织形态特征（Bruton et al.，2015）存在的现代国有企业，不仅没有像传统企业理论预测的那样逐步消亡，反而在全球占据了更大优势，对推动全球经济走出困境和促进可持续发展发挥了重要作用，最新的实证研究表明全球国企的绩效并不比私有企业差（Lazzarini & Musacchio，2018），这就使得主流管理学者也开始呼吁要反思现有企业理论以及构建国有企业一般理论（Peng el al.，2016）。

改革开放以来，国有企业取得的成就有目共睹，这是否是因为改革让国有企业做对了什么？研究者们对这个问题的思考和回答还不够，特别是理论研究不够。中国国有企业历经多次重大改革，特别是党的十八大以来，在中央指导意见的指引下，国企在分类改革、公司制股份制改革、混合所有制改革和公司法人治理结构完善上又取得了显著成绩。通过不断改革创新，建立现代企业制度，现在的中国国企和改革开放前的国企已经有了很大的差别，发展成了"现代国有企业"。基于中国现代国有企业开展理论研究，进而构建具有普适性的国有企业一般理论，是中国国有企业研究者的重要创新机会，也能从科学研究角度为进一步的国企改革提供理论支持（武常岐等，2019）。

（二）中国国有企业高管激励的特点

对企业高管激励制度的现有研究，国内研究者也主要基于委托代理理论即传统企业理论，多数实证研究也没有发现显著的薪酬绩效敏感性，这被认为是因为中国企业特别是国企没有简单地通过货币薪酬来激励高管（Jiang & Kim，2015）。事实上，相对于私有企业而言，中国国有企业高管激励制度的多样化和情境性特征更显著，一方面，国企的性质决定了其绩效目标不仅有经济目标还有非经济目标（黄速建、余菁，2006），对高管的绩效考核是多指标的（张霖琳等，2015）；另外，因为制度背景的差异使得高管的考核方式是多维度的（德能勤绩廉），激励方式也是多样的，比如晋升激励、政治激励（王曾等，2014；周铭山、张倩倩，2016）和在职消费（陈冬华等，2010）都是国企高管激励的重要组成部分。新一轮国企改革又强调要实施国有企业经理层"与选任方式相匹配、与企业功能性质相适应、与经营业绩相挂钩的差异化薪酬分配办法"也是灵活性和情境性的要求。因此国企高管激励制度的研究不能囿于"最优契约论"框架，而是需要系统地考虑各种因素的协同效应（徐向艺等，2016）。同时，对中国国企高管激励制度的成功经验、"中国特色"，具有普适性和示范性的优势，还有待进一步总结和提炼，而这必须基于对国有企业这一企业类型更全面深入的探究和分析。

第二节 关系契约理论

前面提到，最优契约论之所以遭遇实证研究的困境，其主要原因在于对现实中高管激励契约的不完全性的认识不足。本节将回顾关系契约理论和不完全契约理论，以便为后面新研究框架的提出奠定理论基础。

一 概述

正如新经济社会学所指出的那样，经济行动都是"嵌入"在社会结构中的（易法敏等，2009），而关系就是社会结构和这种嵌入性的表现。从关系的角度研究经济行动，可以避免主流经济学的低社会化倾向。关系契约最早是一个法学概念，被引入经济学后，成为新制度经济学（交易成本经济学）、组织经济学理论（Gibbons and Roberts，2013）的重要基础，用以观察和解释长期的、重复的、动态的微观个体行为和互动，是对新古典经济学的重要拓展。

关系契约，Gibbons 等将其解释为"一个经济学家的术语"，表示"着眼于未来的一种持续合作"（collaboration sustained by the shadow of the future），是相对于被法庭强制执行的正式契约的一个概念（2013）。关系契约理论最早出现在 20 世纪 80 年代，当前仍在不断发展之中。Williamson（1985）最早将关系契约概念从法学引入经济学，成为其交易成本经济学和治理理论的重要基础，近年来又被 Gibbons 等（2013）引入最新的组织经济学理论。因为关系契约的概念最早来自法学，其经济学理论基础尚显薄弱，尤其是形式化的经济学理论分析有待充实，近期以 Gibbons 为首的 MIT 的众多经济学人已在这一方向贡献众多成果，他们主要是用动态博弈等工具对使用关系契约的情况进行了均衡分析，以期能解释诸多相关现实（Andrews and Barron，2016；Deb et al.，2016；Fong and Li，2017）。

由于关系契约理论提出之后，最早主要被用于分析企业间合作关系比如战略合作、供应链关系等，因此关系契约的实证研究在管理学领域比较常见，但从经济学视角分析企业内部对关系契约的使用情况的实证研究不多。

二 关系契约理论

关系契约的概念最早由契约法学家 Macneil（1978）提出，经济学家 Williamson（1985）将其引入交易成本经济学的理论中，构成其重要内容。Macneil 认为，所有契约的根本目的都是促进交易，他把契约分成三类：古典契约、新古典契约和关系契约。其中古典契约（也叫正式契约），其特征是希望通过加强"分立"和强化"展示"来实现促进交易的目标，这里的"展示"指的是一种使该契约能在当下被充分理解或者意识到的努力。Williamson 解释到，经济学上关于"展示"的类似认识是或然索取权契约，这种契约要求所有相应的与产品或服务的供应相关的未来或有事项都要根据其可能性来加以描述或计算。古典契约通过几种方式实现分立和展示。第一，交易参与方的身份被要求不相关，这种要求与经济学上的理想的完美市场交易一致。第二，协议的性质被限制了，当正式的（例如书面的）和非正式的（例如口头的）契约比较时，正式契约占了上风。第三，补救途径被严格规定，以便"万一最初的展示因为不执行而不能实现，其后果就要在开始时就进行相应规定，而不是一个开放式的结尾"。另外，不鼓励第三方参与。因此其强调的重点是法律约束、正式文本以及自我清偿的交易。

但是，并不是每一个交易都符合古典契约的要求，特别是，对那些在不确定条件下执行的长期契约，即使可能，完全展示也是非常高成本的。这样就出现了几种问题，第一，不是所有的有适应性的未来或然事件可以在开始时被预期。第二，对很多或然情况来讲，其适应性要直到环境具体化时才清楚。第三，除了模糊不清的环境状态的改变以外，当利用了或然状态的索取权时，自治各方之间艰难的契约可能会带来不诚实的争议。在参与方（至少部分参与方）倾向于机会主义时，谁的展示又是可以相信的呢？面对这样一些推翻古典契约的情况，有三种可能的替代方法。第一，完全放弃对这种交易的期望。第二，从市场去掉这些交易，在企业内部进行组织来取代。随后，相应的决策就应该是在统一的所有权下执行，并辅以科层激励和控制系统的帮助。第三，使用不同的契约关系，保留交易，但是需要设计另外的治理结构。第三点就引出了 Macneil 所指的新古典契约。如同 Macneil 观察到的，"长期契约的两个共同的特征是：制定时差距的存在，以及契约制定方使用的一系列过程和技术的存在，这些过程和技术是为了创造灵活性以弥补存在的差距或者试着能尽量严格制定该契约"。通过第三方协助，而不是诉讼，来帮助解决争议或评价绩效通常是更好的，以便有助于这些能增加灵活性或者弥补差距的方法的采用。世界是复杂的，因此合意通常是不完全的，有些契约永远无法实现，除非双方对解决机制有自信，这就是新古典契约的特征。仲裁和诉讼的一个重要的目的性的差异，也就是 Fuller 描述的程序上的差异，因为在仲裁机制下假设有持续性（至少契约的完整性），而这种假设在使用诉讼时要弱得多。Patrick Atiyah 关于古典契约是如何失效的观点是正确的："实际上，现代商业交易通常包括了一些条款以适应执行时可适用的条件，使交条款可以发生变化。定于未来交付的商品的价格可以以交付时的价格来规定。"建筑工程中的价格涨落条款就是这样的规则，国际交易中包含汇率变化条款也是如此。即使契约中没有包含这样的约定，实际上商人们也经常达成这样的条款：为公平起见，当随后的事件使得原始的契约不再能够执行时，契约的条款可以进行调整。比如，在德国契约法中，固定价格契约中存在优惠支付的条款也是很常见的，这时的情况要求是"当不可预期的情况使成本有实际上升，导致了契约方的损失"。即使在私人商业机构之间，商业关系经常是持续的这种事实意味着希望维持和其他契约方的商誉的愿望通常比契约本身的条款要重要得多。

维持持续关系的这种压力，使古典的、新古典契约体系产生了衍生效应（spinoff），比如很多公司法和集体谈判问题。不断增长的契约的"存续期和复杂性"使新古典契约的调整过程被取代，代之以更加全面的交易特定型的、持续的管理类型的调整过程，即关系契约的存在。这时分立性的假设被完全取代了，因为关系呈现出"在以交易为中心以及其即时过程之外有着大量规范的一个小集合"（Macneil，

1978）的特性。在新古典契约体系中，产生适应性调整的参照点仍然是最初的协议，与新古典契约体系比较，真正的关系契约方式下的参照点是"整个关系"，就是它在整个时间范围内发展起来的关系，可能包含也可能不包含最初的协议。

因此，古典契约强调的重点是法律规范、正式文本以及自我清偿的交易，因此它往往要求契约必须在事前用那些能够在事后被第三方证实的具体条款来明确表示，而关系契约往往基于只能被缔约方事后观察到的结果，或者基于那些事前界定会花费过高成本的结果。因此关系契约允许缔约方利用他们特定处境下的特定知识，并根据新产生的信息对初始契约进行适应性调整。但同样的原因也使得关系契约不能被第三方强制执行，因此它必须具有自我履约性，而满足这一要求的重要前提是契约双方认为关系持续到未来的价值要大到缔约双方都不愿意违约（Baker et al. , 2002）。

三　Williamson 的治理理论

Williamson 建立的交易成本经济学认为交易及其治理是经济学的中心问题，而要形成良好的治理，就要根据交易的多样性特征，匹配不同的治理结构。其治理理论的提出就借用了关系契约理论的重要观点。

Williamson 引入 Macneil 对契约的分类，分析了交易和其治理。他认为，描述交易的基本维度是资产专用性、不确定性和频率，并且重点是资产专用性和频率问题。他认为交易有三种频率级别（一次性的、偶尔的、经常发生的）和三种资产专用性级别（非专用的、混合的、高度专用的）。为了分析治理问题，Williamson 提出了三个假设：（1）供应方和买方倾向于一种持续的关系，因此那种因为不可信任产生的风险问题不考虑。（2）对于任何确定的需求，潜在供应商是非常多的，即特定资源所有权的事前垄断被认为不可能。（3）频率维度指的是买方在市场上的活动。（4）投资维度指的是供应商做出的投资的特征。关于 Macneil 的契约分类如何与 Williamson 讨论的交易的治理联系起来，他给出了三个命题：（1）高度标准化的交易不太倾向使用专业化的治理结构。（2）只有周期频发的交易支持一个高度专用型的治理结构。（3）尽管非标准化的偶发的交易不支持交易特定型的治理结构，但是它们也有专门化的倾向。根据 Macneil 对契约的三种分类法，古典契约可以应用于所有标准化的交易（不管频率），关系契约用于循环的非标准化交易类型，新古典契约应该用于偶发的、非标准的交易。而且，古典契约接近于 Willamson 提出的市场治理，新古典契约是三方治理，而 Macneil 提出的关系契约是双边的，或者统一的治理结构。

关于市场治理，Willamson 研究认为：市场治理是偶发的、周期频发契约的非专用型交易的主要治理结构。当周期性交易是严格计划好的时候，市场治理是有效的，因为双方都只需要根据他们自己的实证来决定继续一个交易关系，或以很小的交易费用转向其他的交易关系。因为标准化，替代的采购和供应方都很容易找到。对于非专用型但是偶发的交易，买方（以及卖方）不太能够依赖直接的实证去确保交易不被机会主义行为影响。但是，通常给服务或者其他同样商品的买方的实证排序是可以参考的方法。给定商品是标准化类型，这种通过正式或非正式途径的实证排序，可以激励参与方采取负责任的行为。有一点是明确的，这种交易发生在一个法律框架内，并且也从这个法律框架内获益。但是这种依赖性不是特别强。正如 S. Todd Lowry 所说的，传统的对市场上的交易的经济学分析恰当地响应了"买卖"（而不是契约）的法律概念，因为买卖假定是市场环境中的一种安排，主要在产权转移上要求法律支持其执行。因此契约的概念实际应该给予那些没有标准的市场替代者时的交易，这时交易方已经设计了"他们可以依赖的未来关系的模式"。对于那些以市场作为主要治理模式的交易，分立契约范式的假设是很令人满意的。因此参与方的专用型特征就不那么重要了，通常都参照契约的正式条款来决定，法律规则发挥了作用。市场替代机制主要是那些保护了每一个参与方抵制针对他的机会主义行为的机制。诉讼主要就是严格设置要求权，没有重点关注关系的持续问题，因为这时的关系并不单独有价值。

关于三方治理，Willamson 研究认为：需要三方治理的两种类型的交易是混合的和高度专用型类型的偶发交易。一旦这种交易的原则被写入契约，就有强的激励去实现这一契约。不仅专业化的投资被放入进来，其机会成本也比其替代用途要低得多，但这些资产向后来的供应商的转移将会给资产评估带来很大的困难。对高度特殊化的交易，维持关系的原则的重要性特别大。市场救济是不能令人满意的。交易特定型治理结构的设置成本不能被偶发交易所涵盖。而古典契约方法对维持这种交易有限制，一方面，交易特定型（双边）治理的禁止成本，另一方面，中间的制度形式显然是需要的。新古典契约方法这时体现出很多好的性质，因为新古典契约不是采用诉诸法庭的诉讼机制，因为这样容易导致交易破裂，而是采用了第三方协助（仲裁）机制来解决争议和评价执行情况。使用建筑师作为相对独立的专家来决定正式建筑工程合同的内容就是一个例子。特定执行情况的补救方式的拓展在过去几十年里也与持续性目标是一致的，尽管 Macneil 倾向于界定特定的执行方式为"基本的新古典契约救济"。

　　关于双边治理，Willamson 研究认为：使用专业化的治理结构的两种类型的交易是由混合的和高度专用型投资支持的周期频发性的交易。这时交易关系的持续性是有价值的，交易的周期性性质潜在地允许了专业化治理结构的成本会被涵盖到。中间产品市场交易的两种类型的交易特定型治理结构如下：双边结构，这时参与方有自治权；统一结构，这时交易被从市场移除，组织在企业内部，且依赖于一种权威关系（纵向一体化）。双边结构只在最近才受到关注，它们的运行被理解得还不够。高度特质性的交易是指那些要求生产中人力和实物资本投资都特别专业化的交易，因此通过公司间的交易（比如纵向一体化），买方或者卖方不能实现明显的规模经济。但是在混合交易情况下，资产专业化的程度不太完全。相应地，这时的外部采购可能就是出于规模经济的考虑。与纵向一体化比较，外部采购也维持了高强度的激励和限制了官僚偏差。但是当考虑适应性和契约费用时，市场采购的问题也会出现。但内部的适应性调整是被允许的，外部采购在市场范畴内涉及适应性。除非适应性的需求已经在外部被深思熟虑了，并清楚地由契约提供了，但这通常不太可能或者非常昂贵，而市场范围内的适应性通常只能通过共同认可的后续协议来实现。当适应性调整方案由任一方做出时，因为参与方的利益通常是不相容的，因此必然产生难解决的困境。一方面，双方都被激励去维持这种关系而不是解除它，目标在于避免有价值的交易特定关系的损失；另一方面，每一方都有各自适当的利益诉求，不太可能能够同意任何适应性的契约调整。这时显然需要的是宣布可容许的调整维度以使灵活性是在双方都有自信的条件下被提供出来。这可以在一定程度上通过以下方式来实现：①承认机会主义行为的损害随着提出的适应性调整的类型而改变；②把调整限制在那些损害最小的地方。数量调整和价格调整比起来有更好的激励相容性。一方面，价格调整有一种零和性质，然而增加、减少或者延迟交付的调整方案是没有这种性质的；另一方面，价格调整方案还有这样的风险：一方的对立面设法改变在双边垄断交易差距上的条件，以适应它的优势。比较而言，假定外生事件而不是战略目标对数量调整负责，这是普遍被批准的。给定交换的特殊性，当数量改变被提出时，买方或者卖方几乎没有理由怀疑他的对立方的陈述。因此买方要么从其他途径寻求供应，要么把获得的产品（以一种优惠价格）转作他用或转给其他使用者，因为其他途径将导致高的建立成本，而且一个特质化的产品在各种用途和使用者之间是不可替代的。同样，卖方不会保留供应，既然有问题的资产有专业化的特点，则会出现更好的机会。结果是特质化产品的数量表现能据其表面价值被普遍接受。不能对数量和价格同时调整，这将使大多数特质性产品交换不能实现，数量调整就按惯例出现了。当然，不是所有的价格调整产生同样程度的风险，那些预计产生很少风险的调整将会被执行。反映总的经济条件变化的原油涨价条款就是这样的一种可能性。但是因为这种涨价不是交易专有的，当这些涨价被用于局部条件时，常产生不完美的调整。因此考虑价格调整是否与局部环境密切相关是可行的。这里的问题是，临时的价格调整是否能被设计出来应对部分的条件，以便不产生上述提到的战略风险。对一个特质性交换而言，面对任一参与方的危机形成了一系列的例外。由于面对损害关系的可能的危机，临时价格救济是被允许的。然而更有意思的是是否有环境使临时性价格调整能规律性地进行。先决条件有两个：第一，价格调整方案要与外生的、有密切联系的、可验证的时间相关；第二，可以计量的成本影响必须先被关联进来。下面这个案例可以帮助解释。考虑一个元件，其成本的合理分担是根据一个基本材料（铜或钢）来计算的，进一步假设，根据这个基本材料计算的元件的部分成本被很好地界定了。在这样的案例中，如果部分的但是是临时性的价格救济，通过根据规则转嫁到消费者的做法得到允许，则材料价格的外生改变将产生很少的风险。比起总的涨价，更加精确的调整将会更容易被接受。但是要强调的是，不是所有的成本都是这样有资格调整的。过高的改变，或者其他很难批准的费用，以及那些即使能被验证，对于元件成本也承受了不确定性的费用，不能以相似的方式转嫁给其他方。承认风险，参与方将很简单地就放弃了这种补救。

关于统一治理，Willamson 认为：当交易逐步变得更加特质化时，交易的激励就减弱了。原因在于当人力资本和实物资本的投资变得更加专用于某一用途，而因此不太可能转换到其他用途时，买者可以像一个外部供应者一样，实现完全的规模经济。组织模式的选择这时完全转向了那种有更好适应性属性的模式。纵向一体化将在这种情况下普遍出现。纵向一体化的优势是适应性调整可以以连续的方式作出，而不需要订立完整或者改变企业内部的协议。一个单一所有权的实体跨越了交易的两个边界，联合利润最大化的假定是被确保了的。在纵向一体化企业中的价格调整将会比在企业间的交易中更加完整。并且，假定内部激励是不一致的，数量调整将会在用以最大化交易的联合收益的任何地方执行。因此边界不变的特性以及价格和数量上的广泛的适应性是高度特质化的交易的特征。随着资产专用性逐渐增强，市场契约变成了双边契约，后者又被统一契约（内部组织）所替代。

从上述分析可以看到，Williamson 认为，古典契约（又被称为正式契约、分立型契约）对应的是市场治理结构，适用于标准化的交易，关系契约则对应双边治理和统一治理结构，适用于周期性的非标准化交易类型，其中双边治理对应的交易是有混合的和高度专用性投资特征的周期性多次交易（比如企业间的合作关系），统一治理结构对应的是人力资本和实物资本的投资相对更加专用，不太可能转换到其他用途时的交易（即企业和组织内的交易和合作）。

事实上，Williamson 指出，所有的经济活动都可以看作一种交易，所有的交易都可以看作一种（不完全）契约，而上述分析就给出了所有经济活动（交易）的治理结构。根据交易费用最小化的原则，不同性质的交易或契约就分别对应于市场、混合形式或科层这三种不同的治理结构，这也正是交易成本经济学的核心思想（聂辉华，2004）。

正是通过 Williamson 的研究，关系契约理论进入了经济学领域，成为重要的经济学理论概念，帮助研究者们拓宽了对交易的认识，尤其对分析企业内部契约关系有着重要的意义。

四 不完全契约理论

Williamson 的治理理论和交易成本理论构成了经济学中不完全契约理论的重要组成部分。

经济学中对契约的认识在 Williamson 和 Hart 为代表的经济学家那里得到了转变。他们基于对现实的深刻认识指出，由于某种程度的有限理性或者交易费用，使得现实中的契约是不完全的（incomplete）。具体地说，契约存在成本，依据 Tirole 等人的分析，契约的成本有三类（聂辉华等，2006）：一是预见成本，即当事人由于某种程度的有限理性，不可能预见到所有的或然状态；二是缔约成本，即使当事人可以预见到或然状态，以一种双方没有争议的语言写入契约也很困难或者成本太高；三是证实成本，即关于契约的重要信息对双方是可观察的，但对第三方而言（如法庭）不可证实。由于这种"可观察但不可证实"的信息结构假设无须借助不成熟的有限理性模型，因此成为不完全契约理论的主要基础。基于对契约不完全性的认识，他们发展出了"不完全契约理论"（incomplete contracting theory），与之相对的是"完全契约理论"（complete contracting theory）。古典经济学和信息经济学（委托代理理论）所研究的契约就是不完全契约理论认为事实上不存在的完全契约，完全契约与不完全契约的根本区别在于：前者在事前规定了各种或然状态下当事人的权利和责任，因此问题的重心就是事后的监督问题；后者不能规定各种或然状态下的权责，而主张在自然状态实现后通过再谈判（renegotiation）来解决，因此重心就在于对事前的权利（包括再谈判权利）进行机制设计或制度安排。不完全契约带来的后果就是 Klein、Grout、Williamson 和 Tirole 等人指出的无效投资，如何最小化这种效率损失，正是经济学家们理论分析的重要目标，Grossman 和 Hart，Hart 和 Moore 分别从合作博弈和非合作博弈的角度对其进行了严格形式化的分析证明（GHM 模型）。

聂辉华等（2006）学者将不完全契约理论的有关研究归纳为如下五种不同的理论视角。

（1）法律干预的视角：法律干预（legal intervention）是指国家或者法律机关通过立法或者司法程序来弥补由于契约不完全所造成的无效率。

（2）赔偿的视角。

（3）治理结构的视角：以 Williamson 和 Klein 为代表的新制度经济学家沿袭 Macaulay "私人秩序" 和 Coase 的 "交易费用" 的思想，主张通过市场、企业或科层、混合形式（hybrid）（抵押、互惠、特许经营等）和官僚组织等多种治理结构（governance structure）来解决不完全契约下的敲竹杠问题。治理结构的选择以最小化交易费用为宗旨，因此这一学派也称 "交易费用经济学"（TCE）。聂辉华等认为 TCE 明确以当事人的有限理性作为不完全契约的基础，这在逻辑上无懈可击。但是，由于建立令人满意的有限理性模型看上去依然遥遥无期，这导致交易费用经济学的理论很难像 GHM 模型那样凭借形式化的优势进入主流契约理论。

（4）产权的视角：交易费用经济学没有明确地回答一体化的成本和收益，对这一局限的不满，催生了企业的产权理论（property rights theory of the firm）。产权理论认为，由于契约是不完全的，因此契约中除了可以事前规定的具体权利之外，还有事前无法规定的剩余权利，这部分权利就是所谓的剩余控制权（residual rights of control）。产权理论认为，应该通过资产所有权或者剩余控制权的配置，确保在次优条件下实现最大化总剩余的最佳（optimal）所有权结构，这就要求把所有权安排给投资重要的一方或者不可或缺的一方。产权理论首次建立了正式的不完全契约模型并将它应用于企业理论以及相关领域，因此聂辉华等认为，以 Hart 为代表的企业的产权理论可以被看作狭义的不完全契约理论①，它和本书讨论的其他理论一起统称为广义的不完全契约理论。

（5）履约的视角：与诉诸司法救济和产权的观点不同，履约理论（implementation theory）认为利用机制设计的思想，通过一种简单的选择性契约（option contract）或者再谈判设计，可以实现社会最优的专用性投资水平。

除了上述五种视角外，Acemoglu 和 Shimer 等主张引入市场竞争来解决敲竹杠问题，但带有关系型专用性投资的不完全契约具有高度的双边垄断特征，因此聂辉华等预见，除非放松假设，否则引入市场竞争也不能解决投资无效问题。

不完全契约理论仍在不断发展之中，其理论基础不够坚实、实证研究少等是当前这个领域的特点和研究者努力的方向，以参照点效应为基础的第二代不完全契约理论就是近些年不完全契约理论的重要进展（聂辉华，2011；杨宏力，2012）。

第三节　控制权收益理论

正如上述文献综述提到的，高管权力论的研究和其他一些关于高管非薪酬激励的研究都提到，高管获得的一种重要的激励形式是控制权收益，高管权力理论中的"权力"实际上就是指控制权。从这个角度来理解，则可以把高管权力理论与很多关注高管控制权收益的研究结合起来。

但是，就主流研究中所给出的控制权收益这个概念来看，其重点关注的并不是高管的控制权收益，因为这个概念最早是在研究大股东

---

① 狭义的不完全契约理论即"产权理论"侧重事前的机制设计，多用于分析企业的产生、边界等问题，因此也是企业理论的重要组成部分，但本书认为，关系契约理论强调事后调整，即在契约开始执行后如何采取行动实现最优目标，因此更适用于分析企业运行过程中的内外部治理问题，这事实上也正是交易成本（费用）经济学的思想。

与中小股东的委托代理关系时使用的。控制权收益（也被称为"控制权私有收益"）最初由 Grossman 和 Hart（1980；1988）提出，他们认为，在公司控制权市场上，原有股东如果知道公司在接管者的管理下能获得更好的回报，肯定不愿意出让自己的股权，而希望"搭便车"以获取公司在接管后的价值增长。如果这样，接管是很难发生的，那么公司在建立初期可以设定一些条件，让接管者在接管后可以采取一些自利的措施，获得一些只有接管者才能获得而其他股东没办法获得的收益，才能激励接管者来接管公司，从长期来看可以促进公司不断发展。比如实际中，接管者获得了企业的表决控制权成为控制性股东以后，他们可以把公司与自己其他的公司合并，其合并价格是对他有利的，而显然对原股东不利。原来的那些不愿意转让股权给接管者的股东，这时成了少数股东了，这种合并或者清算就是对这些少数股东股权的稀释。这种措施可以激励现任控股股东和管理层更加高效地工作，而且对这种接管者获取额外收益的限制越宽松，接管威胁就越强，对在任控股股东和管理层的激励就越强。在 1988 年的研究中，他们正式提出了控制权收益这一概念，他们指出控制权收益指的是控制权市场上接管方所获得的，而目标企业的股东不能获得的收益，而且控制权收益分为两种：一种是私人的，另一种是正常股票收益。因此，控制权收益最初提出来其实是一种激励控制权接管的机制。Shleifer 和 Vishny（1997）同样指出，股权集中，形成控制性大股东，的确是一种有效的公司治理方式之一，可以帮助投资人把投资收回来（这是公司治理问题的根本），但在这样解决代理问题的时候，他们也可能把其他投资者的财富再次分配到自己手中。随后，La Porta, Lopez - De - Silanes 和 Shleifer（1999）的研究发现他们所关注的世界上27 个国家的大公司都存在终极控制人情况，尤其是在投资者保护制度不完善的国家，终极控制人对上市公司的控制权往往超过其所拥有的现金流量权，换句话讲，现代公司所有者高度分散的特征几乎被推翻了。LLS 的这一分析方法随后被多位学者（Claessens et al.，2000）应用到对东亚等新兴市场经济体股权结构的分析中，他们发现终极控制现象在东亚普遍存在，金字塔控股结构往往导致终极控制权和所有权的分离。胡天存（2004）等研究了中国企业的控制权配置情况，他们发现从样本总体上看中国企业的第一大股东拥有绝对的投票权优势，上市公司控制权通常掌握在第一大股东手里。紧接着，LLSV①（La Porta et al.，2000）的研究再一次重点分析了控制性大股东对中小股东利益的侵害问题，他们指出在很多国家，控股股东对少数股东和债权人的侵害是非常普遍的，这种侵害表现为很多种形式，在一些情况下，内部人（控股股东和高管）简单地窃取了利润，在另外一些情况下，内部人把他们控制的企业资产或者产出或者其他权益卖给另外一个他们所有的公司，并且是以低于市场价的方式。这种转移定价、资产倒卖、股权稀释，虽然通常是合法的，但无异于偷窃。有时这种侵害是通过合作机会的转移、在管理岗位上安插不合格的家庭成员、给高管过高的薪酬等形式实现的。总的来讲，这种侵害与 Jensen 和 Meckling（1976）描述的代理问题是一样的。LLSV 的这一系列重要发现和研究结论使得研究者们的兴趣从"第一类代理问题"迅速转向了"第二类代理问题"，即大股东通过获取控制权收益侵害中小股东利益的问题，成为一段时期的研究热点。在此之前，公司治理关注的主要是现代公司所有者高度分散，所有者与经营者分离所造成的所有者与经营者之间的委托代理关系，即所谓的"第一类代理问题"。因此，在主流的关于控制权收益的研究中，控制权收益被定义为类似唐宗明、蒋位等（唐宗明等，2002）的提法，即大股东因为持有大宗股权而得到的与他所持股份比例不相称的、比一般股东多的额外收益。从上述对控制权收益的研究发展过程来看，研究者们对它的认识从最初的有效公司治理机制变成了一种私有收益，从强调对效率的正向影响变成强调其负面影响。

国内学者对于控制权收益的研究，主要有三个大的方向，一方面，诸多学者沿袭了国际主流研究的思路，即在实证研究中，用控制权转移的溢价来衡量大股东的控制权收益（贾明等，2007；马磊等，

---

① LLSV：著名经济金融学领域学者拉波塔、洛配兹·西拉内斯、安德烈·施莱弗和罗伯特·维什尼组成的一个组合，被称为"四剑客"。

2007），将其看作一种私有收益。李瑞海等（2005）就发现样本期的十年当中，中国上市公司控制权交易的购买方从控制权转移过程中获得了巨大的收益，但也发现其控制权转移的溢价水平要低于国际水平。吴冬梅等（2010）也测算了中国上市公司大股东对中小股东的侵害问题，他们将控股股东的类型分为国家股、国有法人股、法人股和个人持股，分别测算了其私有收益，结果发现国有法人的控制权私人收益最高，私人控股的控制权私人收益次之；在国有股中，股权集中度、股权制衡度、国有股比例对控制权私有收益有一定的抑制作用，国家控股公司更倾向于采取在职消费等隐蔽方式攫取控制权私人收益；在私有股份中，股权集中度和制衡度与控制权私人收益成反比但作用有限，这种现象在个人控股公司中更为普遍。还有一些学者指出，中国企业拥有控制权的大股东利用控制权进行自利性交易（如关联交易、定向增发、股利政策等），进而获取有损中小股东利益的收益。通过金字塔控股结构、交叉持股和发行多重股票、股权形式，大股东能够获取比其名义控制权更大的控制权，因此，更容易发生各种侵占中小股东利益的行为。在制度不完善、缺乏外部监督，或者外部股东类型多元化的情况下，控股股东更可能以牺牲其他股东的利益为代价来追求自身利益。另外，还有一些学者同时关注控制权收益的激励效应和堑壕效应，比如徐菁等（2009）就认为其激励效应是指大股东通过有效监督管理层或直接参与经营管理来提升公司价值，进而和其他股东一起按其拥有的股份比例获得这种收益；而堑壕效应是指大股东凭借对企业的控制权以获取隐性收益，并降低企业价值，从而造成对小股东利益的侵害，因此大股东可以获得的控制权收益分为共享收益和私有收益两部分，前者是控股股东控制权作用于公司绩效而产生的增量收益，后者是控股股东对中小股东的侵害而获取的隐性利益。也有一些研究者采用了不同的提法，来分析控制权收益的这种正面和负面效应。例如冉戎等（2010）将这种大股东的控制权收益分为"合理"的控制权收益和"超额"控制权收益，他们结合模型研究表明，一定的条件下，大股东会选择一个能使小股东保持沉默的水平来获取合理控制权私有收益，保持控制权私有收益的可持续性。合理控制权私有收益对大股东经营与管理公司具有正向激励作用，而超额控制权私有收益具有侵害性质，会使得小股东收益受损，同时公司价值下降。石水平等（2010）也提出大股东对公司的控制将对公司产生两种相反的效应，即利益趋同效应以及利益侵占效应。还有部分研究者关注的是中国企业大股东获取控制权收益的方式，多个实证研究指出其方式是多种多样的。赵昌文等（2004）研究发现在他们的中国公司样本中，控制权私有收益主要表现为大股东获得控制权后，通过为管理层支付过高的报酬和津贴，利用公司内部信息为大股东的关联公司获取超额利润，转移公司资源以及利用大股东的声望等方式为大股东获取其他股东无法获得的收益。窦炜等（2010）就认为形象地用"隧道效应"（Tunneling）来表示控制权私有收益强调的可以通过转移资产来获得，但实际上，资产转移并不是大股东获取控制权私有收益的唯一途径，他们还可以通过更为隐蔽的、不发生经济交易的行为来获取控制权私有收益，例如控制性大股东可以通过低价发行股票的方式来稀释中小股东的利益，或采用少数股东冻结（minority freeze outs）的方式也可以达到歧视少数股东而获取控制权私有收益的目的。另外，如果以收益是否为其他股东所分享来定义控制权私有收益的话，并且认同非货币性控制权收益的存在，那么大股东可以自然地通过获取一些具有社会影响的大公司的控制权来获得巨大的社会声誉，并为其带来各种好处，而这也并不依赖于特别的转移性交易行为的发生。

第四节　本章小结

本章通过对高管激励研究现有的理论框架——最优契约论的分析发现，目前对薪酬的绩效敏感性的大多数实证检验结论不符合理论预期的主要原因在于忽视了现实中契约的不完全性。研究者当前对高管激励研究的一些新的探索还难以突破这一困境，虽然"高管权力论"等也给出了一些有意义的视角。接着本章回顾了关系契约理论的发展脉络及主要内容，从中发现关系契约理论是不完全契约理论的重要基础，结合不完全契约理论对契约不完全性的认识，关系契约理论可以成为分析公司内外部治理现实问题的一个重要途径。控制权收益理论的综述则为后文提出高管控制权收益的概念奠定了基础。这些发现有利于本书随后章节内容的展开和分析。

第三章　高管激励研究之关系契约论：一个新的框架

　　本章在第二章的基础上，通过进一步对高管激励契约不完全性的分析和关系契约特征的分析，正式提出了分析高管激励问题的一个新框架——关系契约论，并指出高管激励契约是正式契约和关系契约的结合，这个框架的提出有利于从一个全新的角度重新来思考高管激励契约的各种现实特征并对其进行解释。

第一节　引言

　　"最优契约论"倡导将高管激励与企业绩效挂钩，现实当中股权激励等长期激励方式就得到了这一理论的重要支持。但大量实证检验却表明，高管薪酬的绩效敏感性并不高，这是最优契约论目前的主要困境，正如前文所述，这是对高管激励契约的不完全性认识不足导致的。本章就针对"最优契约论"的这一局限，通过分析高管激励契约的不完全性，基于关系契约理论，提出高管激励问题研究的新框架——关系契约论，指出高管激励契约是正式契约和关系契约的结合。从这一角度进行实证分析能够弥补前述"最优契约论"实证检验的不足，更全面准确地理解现实中的高管激励契约的特点和表现。本章随后还使用一个理论模型分析了高管激励同时使用正式契约和关系契约的机制和影响因素，同时也用这一模型解释了"限薪令"的有限作用。

第二节 高管激励之关系契约论

一 高管激励契约的不完全性分析

如同第二章文献综述所分析的，研究高管激励问题的基本理论框架是"最优契约论"，但由于这个理论的假设较强，即要求只有当企业产出传递的努力水平信息足够准确时，才能求出应该给予代理人的与产出相联系的最优工资水平，实现所有者利益的最大化，这使"最优契约论"在现实中并没有得到很好的印证，因为实证研究中用于测度绩效敏感性的绩效指标，并不能足够准确地反映高管的努力水平。

归根结底，最优契约论的这一实证困境源于其对高管激励契约不完全性认识不足。因为委托代理理论又被称为完全契约论，虽然它承认了信息的不对称，但是依然保留了契约方理性，契约是完全的假设，即所有或然状态可以在事前被预见，并以双方共同认可的方式写入契约，而且契约的有关信息都能被第三方证实。但事实上，从不完全契约理论的分析可以知道，现实中由于存在预见成本、缔约成本和证实成本等，契约通常是不完全的，契约的不完全会导致事前的最优契约失效①，或者说无法真正在事前订立完全契约。对高管激励问题而言，即使如同委托理论假设的那样，存在能足以准确地反映高管努力水平的绩效指标，事实上在现实中这些绩效指标的测度、证实也会非常困难或成本极高，无法在事前进行准确预见和达成一致，契约双方无法在事前写出真正满足"最优契约论"要求的契约。围绕不完全的事前契约开展的相关经验研究，囿于数据的可获得性，常常就是基于这种事前写出的能被公开观察到和被第三方监督的契约中的少数绩效指标开展的，显然这些指标所测度的高管努力水平并不是所有者能获得的高管努力水平的全部信息，或者说这些指标传递高管努力水平信息的准确度是有限的，无法满足最优契约论的条件，因此其结果难

---

① 聂辉华，杨瑞龙：《不完全契约理论：一个综述》，《经济研究》2006 年第 2 期。

以找到最优激励实现的有力证据。总之，契约的不完全性使得现实中无法签署满足"最优契约论"要求的契约，因而"最优契约论"所预测的"最优激励"无法观察到，也无法证实。

　　进一步的，高管激励契约的不完全性还可以理解为：首先，如前所述，能准确反映高管努力水平的绩效指标难以在事前进行预见和达成一致，也难以被测度和证实，因为企业经营活动是一个动态不确定的过程，符合所有者利益的企业绩效能够体现在多个指标上，哪些指标能足够好地反映高管努力水平，可能事前无法确定，而且它们如何受到高管努力水平的影响，往往只能在企业实际经营过程中通过观察或事后来判断。这些不确定性都无法在事前被完美预见写入契约，或者说即使要写入也成本太高，所以无法在事前达成完全契约。其次，即使是同样的绩效指标，由于执行环境的不确定性，对高管努力水平的反映也不相同，比如，在总体市场环境好的情况下，高管即使付出努力水平较低，企业获得高绩效的可能性也较高，这就需要高管激励契约有相机性，有事后调整的灵活性。所以高管激励契约是典型的不完全契约。

　　从上述对高管激励契约的不完全性分析来看，基于"最优契约论"的经验检验未能发现高管激励有效的证据，并不意味着高管激励真的是低效的，只是相关实证研究忽视了高管激励契约的不完全性。以 Williamson 和 Hart 为代表的不完全契约理论的主要研究者认为，契约不完全的问题可以在自然状态实现后通过再谈判来解决①，同样，现实中的高管激励契约可能也正是通过一些灵活的适应性的安排，通过事后的再谈判，实现了最优激励的目标，而这些灵活的适应性的安排，就正是关系契约的使用。

　　根据第二章对关系契约理论和交易成本经济学的治理理论的分析，关系契约就是解决契约不完全问题的有效对策。根据 Williamson 的治理理论，关系契约对应于双边治理和统一治理结构，其中双边治理对应的交易是有混合的和高度专用型投资特征的周期性多次交易，比如企业间的合作，统一治理结构对应的是人力资本和实物资本的投

---

① 聂辉华：《不完全契约理论的转变》，《教学与研究》2011 年第 1 期。

资相对更加专用，不太可能转换到其他用途时的交易，比如企业内的合作。正如周其仁①、谢德仁②的观点，企业就是一个人力资本和非人力资本共同订立的特别市场契约，高管正是就其人力资本投资或者说经营才能与所有者达成契约，因此高管激励契约是典型的具有高度专用型投资特征的周期性多次交易，适用关系契约来进行分析。

二 高管激励研究之关系契约论：一个新的框架

如前所述，除了通常被经济学、法学研究者主要关注的正式契约外，为了应对契约的不完全问题，现实中使用了大量的关系契约。关系契约的特点是，它基于双方对契约关系的持续和发展的重视，通过在契约中加入灵活性和适应性更强的条款来形成非正式契约。更重要的特征是，关系契约不需要第三方强制执行，而是依靠契约方的自我履约要求来确保实施，所以关系契约不仅不需要正式的形式，而且可以基于那些只能被契约双方观察到并能够达成一致的信息来形成。

关系契约理论最初在 Williamson 的交易成本经济学中用来分析治理结构问题，包括企业与市场的边界问题，Williamson 指出企业内外的合作关系，即统一治理和双边治理对应的就是关系契约。这一理论建立以后，最早常被用于分析企业间的治理与合作问题，如管理学中的供应链管理问题，而 Baker，Gibbons 和 Murphy③ 随后也将其引入组织内部，成为组织经济学的重要组成部分，用于分析企业内的治理问题。Gibbons 等人指出，使用关系契约的能力的差异是组织能力差异的根本原因，管理者利用关系契约效率的高低，决定了企业绩效的好坏和竞争力的大小④，而就像企业间的常见于上下游厂商或与供应商之间的关系契约一样，企业内部也有很多包括非正式协议以及非书面

---

① 周其仁：《市场里的企业：一个人力资本与非人力资本的特别合约》，《经济研究》1996 年第 6 期。

② 谢德仁：《企业的性质——要素使用权交易合约之履行过程》，《经济研究》2002 年第 4 期。

③ Baker, G. , R. Gibbons, and K. J. Murphy et al. , "Relational Contract and the Theory of the Firm", *The Quarterly Journal of Economics*, Vol. 117, No 1, 2002, pp. 39 – 84.

④ Gibbons, R. and Handerson, R. , "Relationoil Contract and Organizational capabilities", *Organizafion Science*, Vol. 23, NO. 5, 2013, pp. 1350 – 1364.

行为规范等在内的关系契约。① Levin②则用关系契约特别分析了企业内外的激励问题，包括员工激励，他们指出现实中的激励契约除了常见的正式契约外，还常采用非正式的契约形式，例如企业对员工的激励基于一些很难被证实的绩效指标，或者主观的、非量化的、定性的、隐性绩效指标，即使这些指标没有明确地写入正式的激励契约，它们依然发挥重要的作用。Gillan 等③则主要分析了高管与公司之间选择显性（书面）契约和隐性契约的情况，虽然其研究的对象是隐性契约，但他也备注到，这就是 Baker 等人的研究中所称的关系契约。

可见高管激励契约的关系契约特征已经被研究者注意到，本书在上述研究基础上，正式提出高管激励的"关系契约论"这一框架，并指出现实中的高管激励契约可以看作正式契约和关系契约的结合④，这就进一步加深了对高管激励契约特征的认识。总结而言，可以这样来理解高管激励契约的关系契约特征：第一，与 Levin 的上述发现类似，本书认为，为了更准确地衡量高管的努力水平，现实中的高管激励除了考核显性绩效指标外，也同样关注了一些很难被证实的绩效指标，即在考核绩效时，除了使用利润、股价等指标外，还常使用一些

① Blader, S., C. Gartenberg, R. Henderson, and A. Prat et al., "The Real Effects of Relational Contracts. *American Economic Review*", Vol. 105, No. 5, 2015, pp. 452 – 456.

② Levin, J., "Relational Incentive Contracts", *The American Economic Review*, Vol. 93, No. 3, 2003, pp. 835 – 857.

③ Gillan, S. L., J. C. Hartzell, and R. Parrino et al., "Explicit versus Implicit Contracts: Evidence from CEO Employment Agreements", *The Journal of Finance*, Vol. 64, No. 4, 2009, pp. 1629 – 1655.

④ Holmstrom 和 Milgrom 在他们的文章 "Multitask Principal – Agent Analyses: Incentive Contracts, Asset Ownership, and Job Design" 中已经指出，现实中组织成员的任务是多元化的，不同任务的绩效观测难度不同，仅对代理人在某一个任务上的可观测的绩效进行激励将会导致他在其他任务上的努力程度的降低，而这并不是委托人希望的。但是，由于他们的研究依然是基于委托代理理论即完全契约理论，其强假设导致他们得到的结论是：在考虑这种代理人多任务的情况下，最优的激励契约是支付一个不依赖某一个绩效指标的固定工资；换言之，如果在多个任务中，委托人希望代理人在某项任务上付出努力，而这项任务的绩效又很难观测，那么，就不应该对任何一个任务使用激励工资。这个结论对现实的解释力是有限的。本书则是从不完全契约理论出发，认为在承认高管任务多元化的前提下，现实中组织是通过使用正式契约和关系契约的结合来提高激励效率的，即将绩效测度的难度问题通过契约的事后调整来解决，而不是放弃激励工资的使用，这种解释相对 Holmstrom 和 Milgrom 的分析结论更符合现实情况。

主观的、非量化的或隐性绩效指标，比如高管与董事会的合作关系、领导能力、创新能力、突发事件应对能力等，从这些角度出发对高管的努力水平进行总体评价往往无法在事前准确地写入正式的书面契约；即使写入，也难以在事前进行准确测度，而只能在绩效实现后，由所有者根据高管在企业经营过程中的表现来灵活主观地进行评价。这就是对通常实证检验所关注的正式激励契约所不能涵盖的不确定性情况的一种适应性调整，形成了关系契约，其目的是使高管激励契约能更加全面、准确地评价高管与所有者目标一致的努力水平，进而提高激励契约的效率，降低仅依赖初始契约而造成的效率损失。第二，不仅高管的绩效评价指标可以多样化，而且高管受到的激励方式也可以是灵活的、多样化的，这也是对传统正式激励契约的另一种适应性调整。也就是说，不仅可以采用更加全面、灵活的绩效指标以更准确地反映高管的努力水平，也可以使用包括薪酬在内的灵活的、多样化的激励方式，这是对"最优契约论"所倡导的将绩效与激励相联系的最好体现，因为根据第二章的分析，高管不仅仅受到薪酬的激励，还受到多种形式的显性或隐性激励。所有者和高管可以基于持续维持双方交易关系的目的，对授予高管的激励方式进行协商，除了常见的薪酬以外，还可以选择一些不能写入正式契约，或者不能被第三方证实的、只能被双方观察到的其他方式进行激励，比如最典型的在职消费①、政治激励②等，都可以看作通过关系契约形成的高管激励的一种。当然这些激励方式虽然灵活，但也会带来新的困扰，比如在职消费是高管工作过程中可以享受的特权，由于其中一部分也可以看作必要的经营成本，因此其激励水平的大小很难被第三方证实，甚至包括所有者在内有时都难以获取准确信息，也给契约的执行尤其是监管增

① 卢锐、魏明海、黎文靖：《管理层权力、在职消费与产权效率——来自中国上市公司的证据》，《南开管理评论》2008 年第5 期。

② 宋德舜：《国有控股、最高决策者激励与公司绩效》，《中国工业经济》2004 年第3期。

加难度。根据 Poppo 等①的研究，正式契约和关系契约是互补的，而且他们的实证研究显示，二者的联合使用能够使效率得到改进。因此，本书认为，高管激励契约是正式契约和关系契约的结合，这是高管激励实践提高激励有效性的理性选择。

高管激励的关系契约论给重新思考和分析高管激励问题打开了新的思路。从前述分析可知，现有对"最优契约论"的检验的局限在于没有注意到契约的不完全性，而关系契约理论作为不完全契约理论尤其是交易成本经济学理论的重要组成部分，其重要特点就是认识到了契约的灵活性和可调适性，结合不完全契约理论对契约不完全性的分析，从关系契约视角来理解现实中的高管激励契约，会更全面和准确。换言之，高管激励的有效性评价需要重新思考，仅依赖于"最优契约论"的实证检验没有找到充分的高管激励有效性的证据，并不代表现实中的高管激励就是低效的，从本书提出的关系契约论的角度来看，多样化绩效指标的使用、多样化激励方式的使用，都是有效的高管激励选择。如果从这一框架出发重新进行检验，可能结果与"最优契约论"的发现有不同。因为通常对"最优契约论"的实证检验关注的只是其中的初始契约，而从关系契约论出发的实证研究，一方面能通过对多种绩效的评价，提高绩效反映高管努力水平的准确度，从而更好地满足"最优契约论"的条件；另一方面，综合考虑各种灵活的激励方式的使用，也能更好地测度高管所受到的总体激励水平，更好地分析高管激励水平是否合理的问题。若从这两方面同时考虑，从关系契约论出发的实证研究应该能够发现高管激励契约更高的绩效敏感性（这也能佐证现有部分研究认为企业绩效与高管薪酬结构相关性更高的观点），检验结果应该更加符合最优契约论的预期。当然这种分析有待经验研究的证实。

---

① Poppo, L., and T. Zenger, "Do Formal Contracts and Relational Governance Function as Substitutes or Complements?" *Strategic Management Journal*, Vol. 23, 2002, pp. 707 – 725.

与目前"高管权力论"等最近一些新的研究视角①是对最优契约论的有益补充不同，高管激励的关系契约框架重点指出了高管激励契约的不完全性，强调高管激励契约是正式契约和关系契约的结合，这就跳出了"最优契约论"这一基于完全契约理论的框架，为研究现实中的高管激励问题打开了一个全新的视角。"关系契约论"也是从经济社会学视角分析高管激励问题的一种有益尝试。"关系"本身是一个社会学的概念，强调人与人之间的互动。作为社会学的经典问题，社会关系如何影响行为和制度一直是社会学研究的核心之一，经济社会学作为社会学的一个分支，是专门研究经济行为与社会关系的学科，新经济社会学的代表人物格兰诺维特（M. Granovetter）从卡尔·波兰尼（K. Polanyi）提出的"经济嵌入于社会"的特定概念中，提出了一个一般化的"经济行动嵌入于社会结构"的假设。他指出，主流经济学家们对经济行为的"低社会化"认识和"过社会化"认识都有失偏颇，事实上经济行为是嵌入到社会关系结构中的。格兰诺维特从这个假设出发，建立起了从社会结构或社会网络角度研究经济行为的新经济社会学理论。② 这个理论给经济学的研究提供了很好的思路，这种思路目前正在成为经济学主要问题比如公司治理等③的研究的一个重要新角度，而关系契约理论应用于分析高管激励问题也正是这一角度的体现。

第三节 高管激励关系契约论模型分析

一 中国企业高管激励关系契约特征

本书的实证分析主要关注的是中国企业，特别是国有企业的高管

---

① Bebchuk, L. A., J. M. Fried, D. I. Walker et al., "Managerial Power and Rent Extraction in the Design of Executive Compensation", *The University of Chicago Law Review*, Vol. 69, No. 3, 2002, pp. 751 – 864.

② 易法敏、文晓巍：《新经济社会学中的嵌入理论研究评述》，《经济学动态》2009 年第 8 期。

③ 陈仕华、李维安：《公司治理的社会嵌入性：理论框架及嵌入机制》，《中国工业经济》2011 年第 6 期。

激励问题。从高管激励的关系契约论出发，本书分析了中国企业尤其是国有企业高管激励的关系契约特征。首先，高管激励契约之所以存在关系契约特征，是因为在高管激励契约中，双方都强调对持续合作关系的重视，特别是国有企业，因为其本质属性，即"二重性"决定了其高管选拔的特殊性，国企高管的行政性和市场性并存，即存在着"行政高管"与"市场高管"并存的情况①，这样就使国有企业高管与企业所有者（代理人）之间在激励契约上，不是简单的市场雇佣关系，双方都很重视其持续合作的价值，契约的自我履约性显著，高管激励关系契约的前提是存在的。其次，国有企业的本质属性决定了它们追求的不仅是经济目标，还有非经济目标②，因此国有企业高管的绩效评价方式是多样化的，而且高管激励的方式也是多样化的。另外，现实中为了体现公平目标，国有企业所有者或其代理人，会有意将国企高管的正式契约薪酬限制在一定的水平之下，在这种背景下，为了有效激励高管，所有者也会倾向于与高管达成一定的关系契约，通过采用正式激励之外的其他激励方式，来实现对高管的有效激励。比如，政治激励、在职消费等，就被认为是薪酬的替代激励方式。以在职消费为例，它不仅是一种代理成本，也可以看作一种隐性薪酬③或货币薪酬的替代选择④，即在职消费是存在显著激励作用的⑤⑥。而在职消费的性质决定了它无法在事前的契约中进行明确约定，只能通过事后的灵活安排来实现，这就是典型的关系契约激励。政治激励也有同样的性质。因此，这些高管激励实践都可以清楚地表明，我国企

---

① 宋晶、孟德芳：《国有企业高管薪酬制度改革路径研究》，《管理世界》2012 年第 2 期。

② 黄速建、余菁：《国有企业的性质、目标与社会责任》，《中国工业经济》2006 年第 2 期。

③ 卢锐、魏明海、黎文靖：《管理层权力、在职消费与产权效率——来自中国上市公司的证据》，《南开管理评论》2008 年第 5 期。

④ 陈冬华、陈信元、万华林：《国有企业中的薪酬管制与在职消费》，《经济研究》2005 年第 2 期。

⑤ 陈冬华、梁上坤、蒋德权：《不同市场化进程下高管激励契约的成本与选择：货币薪酬与在职消费》，《会计研究》2010 年第 11 期。

⑥ Rajan, R. G., J. Wulf, "Are perks purely managerial excess?" *Journal of Financial Economics*, Vol. 79, No. 1, 2006, pp. 1 – 33.

业高管激励契约采用了正式契约与关系契约结合的方式，符合前文关系契约论对高管激励的认识和判断。

在分析了中国企业特别是国企高管激励契约的关系契约特征后，本书还特别关注了一个现象，即在中国，过去几十年间高管薪酬也上涨迅猛，众多"天价薪酬"事件以及高管和员工薪酬差距拉大的问题备受关注和质疑。中央先后颁布了一系列规范企业高管特别是央企高管薪酬的政策，试图引导市场以限制企业高管薪酬水平过度上涨。此后，一些企业披露出了低薪高管现象，甚至有高管"零薪酬"的案例。但与此同时，研究者们披露，许多企业高管在领取显性薪酬的同时还获得了各种其他形式的隐性收益，比如饱受争议的"天价"在职消费以及各种形式的福利待遇和政治激励等。这些现象使得人们质疑"限薪令"的效果到底如何，本书就从高管激励的关系契约论出发，用一个理论模型对这一现象进行了分析和解释。

二 理论模型及"限薪令"有效性分析

在传统的最优契约论的框架中，是以所有者的收益最大化为目标函数来进行分析的，接下来本书则借鉴 Kuhnen 和 Zwiebel[①] 的模型，从高管的角度出发，用一个基于高管收益最大化的最优激励模型来分析在高管激励中同时使用正式契约和关系契约的内在机理和影响因素，并基于此分析"限薪企"的有效性。Kuhnen 和 Zwiebel 的模型认为经理人的显性薪酬是他可以自由选择的变量，但隐性收益水平受技术限制而有一个上限，本书则根据对于现实的理解改变了这一假设，强调中国企业高管薪酬受到管制的背景，因而给显性收益水平设定了上限，而把隐性收益水平看作高管可以自主选择的变量。这种假设的改变也融入了"高管权力论"的思想，即高管在获取隐性收益和总薪酬水平上的主动影响。

（一）基本模型和假定

借鉴 Kuhnen 和 Zwiebel 的模型，本书建立了一个有两个参与方的

---

① Kuhnen, C. M., J. Zwiebel, "Executive Pay, Hidden Compensation and Managerial Entrenchment", SSRN Working Paper 972622, 2008.

模型，一个是企业所有者，另一个是企业高管。对于中国的国有企业而言，所有者在现实当中一般是政府的代理人，如国资委等，它有权任用、解雇高管，对企业高管的薪酬进行管制，行使的是所有者的权力。企业对高管的激励或者说高管的收益包含两部分，第一部分来自正式契约，即高管能够从企业获得的与企业的显性绩效指标挂钩的薪酬部分。第二部分来自关系契约，即所有者和高管对主观绩效指标比如非经济指标的考核达成的契约（可能是非正式的），以确保高管获得另一部分收益，由于这部分收益只需要在所有者和高管之间达成一致，不需要第三方证实，因此其形式也是灵活的，可能是显性货币薪酬，也可能是其他形式，比如在职消费、政治激励等。这部分收益的特点是通过非显性绩效指标，或者只有所有者和高管才能观察到的信息来确定。由于企业经营中的信息不对称，高管对其决策的影响力更大；而所有者的决策则只能考虑高管获得的这部分收益不能超过其带来的企业价值的增长，否则他们会要求进行再谈判或者调整，因此有主动权的高管面临的是这种情况下被解雇的风险或者契约调整的风险。对于高管来讲，这里的正式契约收益和关系契约收益对应不同的效用函数，因此高管可以对自己的努力水平如何在增进企业显性绩效以提高正式契约收益和提高主观绩效及自己的关系契约收益两方面的分配作出决策，根据理性人假设，他的目标是实现个人收益最大化。另外，我们还考虑基于中国的情况，国企高管的正式契约收益由于其显示性而受到管制，因此本书假设高管正式契约收益水平存在一个上限，而把关系契约收益水平看作高管可以自主选择的变量。另外，文章还假设了若高管被解雇，他只能获得一个保留收益。

模型用高管能力水平的函数表示企业的产出，高管的能力水平是一个随机变量，市场判断其有一个先验分布，而且随着每一期企业产出的实现可以调整对其分布的判断。高管能力水平的信息对两个参与方是对称的。假设用 a 表示高管的能力水平，s 表示正式契约激励，c 表示关系契约激励，考虑一个多阶段模型，用 t 表示第 t 阶段，那么企业在阶段 t 的产出 y_t 可以用下式表示：

$$y_t = a_t - s_t - c_t + \varepsilon \tag{3.1}$$

这里 ε 表示影响企业产出的随机因素，例如宏观经济状况变化、市场条件和波动等，它是一个服从正态分布的期望为 0 的随机变量。

另外，在模型中我们考虑高管的堑壕效应，这种效应可以理解为高管在企业经营中通过特定的投资特别是与自己的人力资本关联度更高的投资来使自己获得的能够获取更多收益的机会[1]，堑壕效应体现为所有者替换现任高管所必须付出的代价。这种效应的形成与企业的治理水平等有很大的关系，因此，用下式来表示堑壕效应：

$$E = n - \beta_c \qquad\qquad\qquad (3.2)$$

n 是外生给定的一般堑壕水平，它反映了企业的治理和管理水平。参数 $\beta \geqslant 0$，说明堑壕效应会因为高管获取较高的关系契约收益而减小。

根据 Cyert 和 DeGroot[2] 的理论，当使用加法模型时，最优的序贯决策过程是短视的，因此，只考虑最后两个阶段即 $t-1$ 和 t 阶段的动态决策问题（后文用阶段 1 和 2 表示）。假设高管是风险中性的，追求最大化的期望收益。两个参与方的行动次序如下：第一阶段，所有者根据管制要求选择一个正式契约收益水平，高管如果接受该收益水平则高管被雇用，在随后经营过程中，高管选择一个让自己获得最大效用的关系契约收益。这种选择通过高管将自己的努力水平在获得正式契约激励和关系契约激励之间进行合理分配而实现，当然他必须考虑所有者的容忍度，如果所有者之后发现高管选择的关系契约收益过高而不能接受，契约会终止，未来二者的合作关系无法继续，则高管损失更大。这正是从高管角度出发分析最优激励问题的不同之处，考虑的是高管的目标函数，假设其能够判断所有者对他的容忍度，并选择一个尽可能高的关系契约收益水平。接下来，企业产出实现，市场观察到产出，所有者能够对高管能力水平的判断进行调整，并在第二阶段开始时决定是否继续雇用高管；如果继续雇用，则进入第二

---

① Shleifer, A., R. W. Vishny, "1989. Management Entrenchment – The Case of Manager – Specific Investments", *Journal of Financial Economics*, Vol. 25, No. 1, 1989, pp. 123 – 139.

② Cyert, R. M., M. H. Degroot, "Bayesian Analysis and Duopoly Theory", *The Journal of Political Economy*, Vol. 78, No. 5, 1970, pp. 1168 – 1184.

阶段。

（二）模型推导

模型推导如下：首先考虑第二阶段。高管在之前的经营中被所有者选择继续雇用，经理会在此阶段得到一个正式契约收益 s_2，根据假设，s_2 有上限 $\bar{s}$。高管根据对所有者的判断，选择一个可能的关系契约收益水平 c_2，该收益的效用函数用 V 表示，而且满足 $V(0)=0$，$V'>0$，$V''<0$。说明随着关系契约收益的增加，高管所获得的效用是以递减的速度增加的。正式契约收益的效用函数用 W 表示，性质与 V 相同。假设市场判断的高管的能力水平服从这样的先验分布 $a \sim N(\mu_1, \gamma^2)$，这里的 μ_1 就是高管的类型。根据第一阶段观察到的产出值的调整，第二阶段高管的类型被判断为 μ_2，噪声项 $\varepsilon \sim N(0, \delta^2)$，产出水平是高管和所有者都可以观察到的。

根据上述假设，公司在该阶段的产出可以由下式表示：

$$y_2 = \alpha_2 - s_2 - c + \varepsilon \tag{3.3}$$

对于所有者而言，根据该产出，结合给定的堑壕水平 $E = n - \beta c_2$，他就可以做出是否继续雇用高管的决策。保守来讲，只要上述产出的值不小于换掉这个高管将要付出的成本，那么所有者就会选择继续雇用现任高管。这种设想是符合现实的，在实际当中，要替换一个中国企业的高管尤其是一些大型国有企业的高管，成本较高，而且这种成本是"一次性"的固定成本。对于高管来讲，在他了解了所有者的这种态度以后，他会将他的关系契约收益确定在如下水平，以确保自己不被解雇并实现自己的利益最大化：

$$\mu_2 - \bar{s} - c_2 \geq -n + \beta c_2 \tag{3.4}$$

这里假设所有者承诺给高管的就是在存在薪酬管制情况下的上限 $\bar{s}$，而且假设所有者在确定这个正式契约收益水平时考虑了高管的参与约束，即正式契约激励水平 $\bar{s}$ 高于高管的保留收益 q。计算上式可得 $c_2 \leq \dfrac{\mu_2 + n - \bar{s}}{1+\beta}$，也就是说理性的高管会把关系契约收益 c_2 选择在 $\dfrac{\mu_2 + n - \bar{s}}{1+\beta}$ 这个水平，实现其最大的收益。当然这里 $\mu_2 + n - \bar{s} \geq 0$，即

$\mu_2 \geqslant \overline{s} - n$。

高管在这个阶段实现的收益是 $\dfrac{\mu_2 + n - \overline{s}}{1 + \beta} + W\left(\overline{s}\right)$，　　　　（3.5）

如果高管被解雇，他得到的收益就是 q。式（3.5）表明，第二阶段高管的关系契约收益随着高管能力水平的提高而提高，而且能够被继续雇用的高管的最低能力水平是 $\mu_2 = \overline{s} - n$。

当处于第一阶段时，高管选择关系契约收益水平则必须考虑关系契约收益会影响第二阶段市场对其能力的判断，从而影响他第二阶段的关系契约收益。因为该阶段较高的关系契约收益会减少企业产出，市场会因此调低对高管能力水平的判断。

根据随机学习模型，假设一个随机变量 θ 的先验分布是期望为 m，精度为 h 的正态分布，而另一个可观察的随机变量 x 在任一给定的 θ 值的情况下，其期望和精度分别是 θ 和 τ，那么通过一个贝叶斯定理的标准应用，θ 的后验分布也将是正态的，且其后验期望 m' 和精度 h' 可以分别表示如下：

$$m' = \frac{hm + \tau x}{h + \tau} \qquad h' = h + \tau \qquad\qquad (3.6)$$

假设第一阶段的产出是 y_1，正式契约收益是 s_1，所有者估计高管的关系契约收益水平是 $\hat{c}_1$，a 和 η 服从前述的正态分布，由标准正态分布的学习模型可以推出，市场对高管的能力水平的后验判断 μ_2 是正态分布的，其期望值由下式给定：

$$\mu_2 = \frac{\delta^2}{\delta^2 + \gamma^2}\mu_1 + \frac{\gamma^2}{\delta^2 + \gamma^2}\left(y_1 + s_1 + \hat{c}_1\right) \qquad (3.7)$$

其精度由下式给定：

$$\frac{1}{\delta^2} + \frac{1}{\gamma^2} \qquad\qquad\qquad\qquad (3.8)$$

式（3.7）的含义是第二阶段市场对高管能力水平的判断，是其先验值和根据第一阶段产出重新估计出的能力水平值的加权平均。分配给两者的权重由 a 和 ε 的方差决定，如果先验的噪声很大，即 γ^2 很大，则新估计值的权重更大；如果产出的噪声更大，即 δ^2 更大，则先验的权重大。式（3.8）的含义是，根据对第一阶段产出的观察调整后的对高管能力水平的判断更加准确，因为精度增大了。

根据式（3.1），将 y_1 的表达式代入式（3.7）得到：

$$\mu_2 = \frac{\delta^2}{\delta^2 + \gamma^2}\mu_1 + \frac{\gamma^2}{\delta^2 + \gamma^2}\left[(\hat{c}_1 - c_1) + \varepsilon\right] \tag{3.9}$$

这里 $a \sim N(\mu_1, \gamma^2)$，$\varepsilon \sim N(0, \delta^2)$，且两项是不相关的，那么随机变量 $a + \varepsilon$ 就服从如下分布：$a + \varepsilon \sim N(\mu_1, \gamma^2 + \delta^2)$，同理可计算 $\frac{\gamma^2}{\delta^2 + \gamma^2}[a + (\hat{c}_1 - c_1) + \varepsilon]$ 的分布，以及 $\frac{\delta^2}{\delta^2 + \gamma^2}\mu_1 + \frac{\gamma^2}{\delta^2 + \gamma^2}[(\hat{c}_1 - c_1) + \varepsilon]$ 的分布，从而可知 μ_2 服从如下分布：

$$\mu_2 \sim N\left(\mu_1 + \frac{\gamma^2}{\delta^2 + \gamma^2}(\hat{c}_1 - c_1), \frac{\gamma^4}{\delta^2 + \gamma^2}\right) \tag{3.10}$$

式（3.10）式说明在第一期末，如果高管实际获得的关系契约收益比所有者预计的高，会降低市场对高管能力水平的预期。当然，降低的程度与这二者的差别不是等比例的，所有者会考虑市场条件噪声对产出的影响而导致的对高管能力判断的影响。相反，如果高管得到的关系契约收益比预计的少，则会提高市场对高管能力水平的判断。均衡的时候，估计值与实际是一致的。

考虑了第一阶段关系契约收益对第二阶段市场对高管能力判断的影响，下面讨论高管如何选择 c_1 以实现自己的最大收益；由于是两阶段模型，高管需考虑两阶段收益的和的最大化，因此，c_1 就由求下式最大化的值得到（这里不考虑第一阶段的正式契约收益 s_1）：

$$V(c_1) + \int_{\bar{s}-n}^{\infty}\left[W(\bar{s}) + \frac{\mu_2 + n - \bar{s}}{1 + \beta}\right]g(\mu_2)d\mu_2 + \int_{-\infty}^{\bar{s}-n}qg(\mu_2)d\mu_2 \tag{3.11}$$

这里 g 是由式（3.10）给定的 μ_2 的分布密度函数。如果用 $u(c_1)$ 和 σ^2 表示由式（3.10）给定的 μ_2 的事后分布的期望值和方差，那么：

$$u(c_1) = \mu_1 + \frac{\gamma^2}{\delta^2 + \gamma^2}(\hat{c}_1 - c_1), \quad \sigma^2 = \frac{\gamma^4}{\delta^2 + \gamma^2}$$

令 $\mu = \dfrac{\mu_2 - u(c_1)}{\sigma}$，则 μ 服从标准正态分布。用 ϕ 代表标准正态

分布的密度函数，那么式（3.11）可以表示为：

$$V(c_1) + \int_{\frac{\overline{s}-n-u(c_1)}{\sigma}}^{\infty} \left[W(\overline{s}) + \frac{\mu\sigma + u(c_1) + n - \overline{s}}{1+\beta} \right] \frac{\phi}{\sigma} \sigma d\mu + \int_{-\infty}^{\frac{\overline{s}-n-u(c_1)}{\sigma}} q \frac{\phi}{\sigma} \sigma d\mu$$

用 Φ 代表标准正态分布的累积分布函数，上式变换可得：

$$V(c_1) + \left(1 - \Phi\left(\frac{\overline{s}-n-u(c_1)}{\sigma} \right) \right) \left(W(\overline{s}) + \frac{u(c_1) + n - \overline{s}}{1+\beta} \right) +$$

$$q\Phi\left(\frac{\overline{s}-n-u(c_1)}{\sigma} \right) + \frac{\sigma}{1+\beta}\phi\left(\frac{\overline{s}-n-u(c_1)}{\sigma} \right) \tag{3.12}$$

计算其一阶条件得到：

$$V'(c_1) = \frac{\gamma^2}{\delta^2+\gamma^2} \left[\frac{1}{\sigma}\phi\left(\frac{\overline{s}-n-u(c_1)}{\sigma} \right) \left(w(\overline{s}) + \frac{u(c_1) + n - \overline{s}}{1+\beta} - q \right) + \right.$$

$$\frac{1}{1+\beta}\left(\phi\left(\frac{\overline{s}-n-u(c_1)}{\sigma} \right) \left(\frac{\overline{s}-n-u(c_1)}{\sigma} \right) + \right.$$

$$\left. \left. \left(1 - \Phi\left(\frac{\overline{s}-n-u(c_1)}{\sigma} \right) \right) \right) \right] \tag{3.13}$$

式（3.13）右边的第一部分表示的是随着第一阶段高管关系契约收益增加而增加的其被解雇的概率，这一项总为正。右边的第二部分可以理解为由于第一阶段关系契约收益的增加而造成的第二阶段收益的损失。根据式（3.5）知道，第二阶段的关系契约收益是能力水平的线性增函数，因此，c_1 越大，使 μ_2 的期望值越小，从而使第二阶段能够获取的关系契约收益减少。

对式（3.13）加入均衡条件 $\hat{c}_1 = c_1$ ［这时 $u(c_1) = \mu_1$，即所有者对高管关系契约收益水平的估计是正确的］后进行简化得到：

$$V'(c_1) = \frac{\gamma^2}{\delta^2+\gamma^2} \left[\frac{1}{\sigma}\phi\left(\frac{\overline{s}-n-\mu_1}{\sigma} \right) \left(W(\overline{s}) - q \right) + \frac{1}{1+\beta}\left(1 - \Phi\left(\frac{\overline{s}-n-\mu_1}{\sigma} \right) \right) \right]$$

$$\tag{3.14}$$

（3.14）式的右边始终是正的，因为 $W(\overline{s}) > q$，这就是第一阶段关系契约收益决策的均衡状态。解该式可以得到第一阶段高管最优的关系契约收益水平。

从上述分析可知，第一阶段，高管最优的关系契约收益水平由下式的解给出：$V'(c_1) = \dfrac{\gamma^2}{\delta^2 + \gamma^2}\Big[\dfrac{1}{\sigma}\phi\Big(\dfrac{\overline{s} - n - \mu_1}{\sigma}\Big)(W(\overline{s}) - q) + \dfrac{1}{1+\beta}\Big(1 - \Phi\Big(\dfrac{\overline{s} - n - \mu_1}{\sigma}\Big)\Big)\Big]$。

第二阶段，高管的最优关系契约收益水平由下式给定：$C_2 = \dfrac{\mu_2 + n - \overline{s}}{1 + \beta}$。第一阶段高管的最优关系契约收益水平 c_1 随着对高管能力水平的预期 μ_1、产出的方差 δ、保留收益 q、外生的堑壕水平 n 以及堑壕水平参数 β 的增长而增长，随着高管能力的不确定性 γ、正式契约收益水平 $\overline{s}$ 的增长而减少。

（三）仿真模拟

为了进一步验证上述理论分析结果，本书采用 Matlab 进行了仿真模拟分析。对式（3.14），假设高管正式契约薪酬即显性薪酬的上限 $\overline{s}$ 为 0.06（假设单位为 10^8 元，则 0.06 表示 600 万元），高管的保留收益 q 为 0.005（50 万元），堑壕水平 n 为 0.01（100 万元），β 为 0.01，且假设正式契约收益的效用函数 $W(\overline{s}) = \overline{s}$，则（3.13）式右边可表示为：

$$H = \frac{\gamma^2}{\delta^2 + \gamma^2}\Big[0.055 \times \frac{1}{\sigma}\phi\Big(\frac{0.05}{\sigma} - \frac{1}{\sigma}\mu_1\Big) - 0.9901 \times \Phi\Big(\frac{0.05}{\sigma} - \frac{1}{\sigma}\mu_1\Big) +$$

$$0.9901\Big] \tag{3.15}$$

假设市场或所有者对高管能力水平判断的先验的噪声 $\gamma^2 = 0.08^2$，企业产出的噪声为 $\delta^2 = 0.1^2$，则：

$$\frac{\gamma^2}{\delta^2 + \gamma^2} = \frac{0.08^2}{0.1^2 + 0.08^2} = 0.3902, \quad \frac{1}{\sigma} = \frac{\sqrt{0.1^2 + 0.08^2}}{0.08^2} = 20.0156$$

式（3.15）将其代入式（3.14）可得到：

$$H = 0.4296 \times \phi(1.0007 - 20.0156\mu_1) -$$

$$0.3863 \times \Phi(1.0007 - 20.0156\mu_1) + 0.3863 \tag{3.16}$$

在 Matlab 中产生一个 0.1 至 1 的步长为 0.0001 的随机数组代表 μ_1，即假设市场或所有者对高管能力水平判断的先验在 1×10^7 到 1×10^8 之间，可作出 μ_1 与 H 的关系，如图（3.1）：

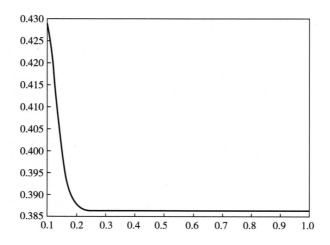

图 3.1　μ_1 与 H 的关系

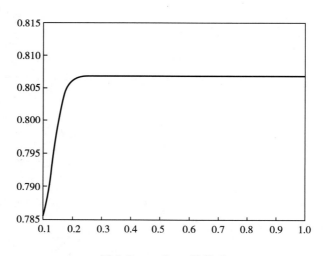

图 3.2　μ_1 和 c_1 的关系

同时假设 $V(c_1) = 1 - (c_1 - 1)^2$，则 $V'(c_1) = -2(c_1 - 1)$，可模拟以下几种特定的情景来解：

$$V'(c_1) = H = 0.4296 \times \phi(1.0007 - 20.0156\mu_1) - 0.3863 \times \Phi (1.0007 - 20.0156\mu_1) + 0.3863 \tag{3.17}$$

将 μ_1 代入上式求出的 H 和 c_1 如表（3.1）所示：

表 3.1 c_1 和 μ_1 的模拟情景

μ_1	H	c_1
0.1	0.4289	0.7856
0.15	0.4008	0.7996
0.2	0.3878	0.8061
0.3	0.3863	0.8068
0.4	0.3863	0.8068
0.7	0.3863	0.8068

从表（3.1）以及图（3.1）可以看出，随着 μ_1 的增大，H 不断减小，即 $V'(c_1)$ 不断减小，但始终大于 0。即随着 μ_1 的增大，c_1 是不断增加的，因为其边际效用始终为正，只是增加的速度逐渐放缓，μ_1 和 c_1 的关系如图（3.2）所示。而且根据标准正态分布的 3σ 原理知道，当式（3.15）中的 $\frac{0.05}{\sigma} - \frac{1}{\sigma}\mu_1 < -3$ 以后，式（3.14）无限趋近于 $\frac{\gamma^2}{\delta^2 + \gamma^2} \times 0.9901 > 0$，在 $\gamma^2 = 0.08^2$ 和 $\delta^2 = 0.1^2$ 的情况下，当 $1.0007 - 20.0156\mu_1 < -3$ 后，式（3.14）无穷趋近于 0.3863，则 c_1 无穷趋近于 0.8068。即在上述假设条件下，当高管的正式契约薪酬被限制在 600 万元以下的时候，高管能获得的最优关系契约收益却会趋近于 8068 万元的水平。可见与前文理论和实例分析情况一致的是，在一定的情况下，高管的关系契约收益水平会远高于正式契约的薪酬水平。

同样地，也可以对产出的方差 δ、保留收益 q、外生的堑壕水平 n、堑壕水平参数 β、不确定性 γ、正式契约收益水平 $\bar{s}$ 等进行仿真模拟，由于篇幅所限，本书省略其过程。

三 小结

上述理论分析的结论可以理解为：

（1）高管从关系契约获得的收益水平是其能力的增函数，换言之，在企业高管激励实践当中，尤其是在正式契约激励水平受到管制的情况下，那些管理能力突出能够给企业带来更大产出的高管，更倾向于也有更大的谈判力与企业所有者形成关系契约。这与"高管权力论"认为高管可以通过自己的权力影响高管薪酬政策的制定和水平的理解是相似的。

（2）高管的最优决策受到正式契约激励水平、堑壕水平、市场状况噪声等因素的影响，那些正式契约激励水平较低的企业，高管和所有者都更倾向于增加使用关系契约，愿意通过这种方式对高管努力水平进行更全面灵活的判断和给予有效的激励。

第四节　本章小结

本章基于高管激励的关系契约论，进一步指出现实中的高管激励契约是正式契约和关系契约的结合。随后，本书用一个基于高管收益最大化的动态模型，对高管激励使用正式契约和关系契约的影响因素和内在机理进行了分析。结果表明：当高管能力水平较高、正式契约激励水平较低时，企业更倾向于增加使用关系契约对高管进行激励。同时用这一模型解释了"限薪令"有限的有效性。

从本书的分析来看，使用"限薪令"如果只是简单地限制薪酬水平，即只对正式契约中的高管显性薪酬进行限制，并不一定奏效，因为对高管的正式契约薪酬水平实施了管制的企业，可以通过更大程度地依赖关系契约，即增加高管的关系契约收益，同样可能实现对高管的最优激励。这说明政府限制高管的正式契约收益水平的方式不会影响单个企业的最优高管激励决策，或者说目前"限薪令"因为没有对高管通过关系契约获得的收益进行约束，其预期作用有限。随后，本书又对前述理论分析进行了仿真模拟，数据验证了理性高管的最优关系契约收益水平受到高管能力水平等因素的影响，其影响机制与理论分析一致，且关系契约收益水平有可能远高于正式契约收益水平。从最近的文献分析来看，本理论分析已得到了相关实证文献的支持①。

在改革实践上，上述观点也得到了支持。早在 2009 年，中国人社部、国资委等 6 部门就联合发布了《关于进一步规范中央企业负责人薪酬管理的指导意见》，对央企高管的年薪额度及与员工的薪酬差距进行了限制。党的十八大以后，鉴于中央深化收入分配制度改革的要求，新的"限薪令"即国企高管薪酬限高方案又不断调整，2015年，新版"限薪令"《中央管理企业负责人薪酬制度改革方案》正式实施，对国有企业实行分类分级管理，改革首批涉及 72 家央企负责人，改革后多数中央管理企业负责人的薪酬水平下降，有的下降幅度还比较大。相关负责人表示，这次制度改革的重点是规范组织任命的国有企业负责人薪酬分配，对不合理的偏高、过高收入进行调整，而且改革的目标不是简单意义上的降薪，而是薪酬结构的调整和优化。可见，改革方案的设计者们也意识到简单限制显性薪酬水平的效果是有限的，当然更好的改革方案一定是在不断调整中逐步优化的，从这个角度讲，改革永远是进行时。

上述基于不完全契约视角对"限薪令"效果的重新分析对现实的启示在于：

（1）高管的薪酬水平是由正式契约和关系契约共同决定的，如果只对正式契约规定的高管薪酬进行监管，所有者和高管可以转而更大限度地通过无法被公开观察的关系契约来实现高管激励，获得远大于高管薪酬的关系契约收益，因此现有的仅关注高管正式契约薪酬的"限薪令"的作用有限。

（2）应加强对高管关系契约收益的披露、测度和监管，比如在职消费，因为这些激励方式通常难以被第三方证实，常被忽略，所有者和监管者只有更准确地衡量高管所受到的正式契约和关系契约的激励总体水平，才能更准确地评价其激励效果，对其进行更合理的监管。

---

① 张楠、卢洪友：《薪酬管制会减少国有企业高管收入吗——来自政府"限薪令"的准自然实验》，《经济学动态》2017 年第 3 期。

第四章 高管控制权收益及与大股东的合作博弈

本章在第二、三章理论分析基础上，对高管激励的关系契约论进行了实证研究，首先，提出了高管控制权收益的概念，并将其解释为高管通过与所有者的关系契约获得的激励之一，然后用一个博弈模型解释了高管控制权收益的获取过程，同时用这一模型解释了中国企业"一把手"权力集中的现象。

第一节　引言

正如第二章文献综述中分析的，目前主流研究中的控制权收益主要指大股东的控制权收益。Grossman 和 Hart 最初提出的控制权收益是解决第一类代理问题的机制，他们认为，如果大股东与普通中小股东一样，只能获得与其所持股份比例相对应的收益，那么考虑中小股东"搭便车"的问题，大股东就不愿意行使对管理层的监督职责。但是，如果公司创立者可以通过恰当的制度设计给予大股东获取额外的控制权收益的机会，那么这种控制权就产生了额外的价值，容易在市场上产生对其的竞争即外部的接管威胁，从而促进对现任管理层的有效制约，有利于公司长期健康发展。但这种机制也是一把"双刃剑"，可以解决"第一类代理问题"，却导致了"第二类代理问题"的产生，即 LLSV 阐述的控制性大股东由于攫取过度的控制权收益侵害中小股东利益的行为，这种行为被认为是一种普遍现象。LLSV 指出，大股东获取控制权收益的方式是多种多样的，例如转移定价、资产转让、产权稀释、雇用亲眷等。由于这些方式具有很大的灵活性和隐蔽性，难以准确测量，因此在实证研究中，控制权收益主要用大宗股权或者投票权（通常控制权就由投票权来表示）转让的溢价来估计①。这种溢价说明市场承认控制性股权的价值除了包含股权本身的价值外，还包含获得该控制性股权后有机会获得的其他额外收益的价值。

从上述分析可以看到，"控制权收益"是相对"所有权收益"的一种提法，大股东拥有中小股东没有的控制权，因此他们有机会获得中小股东无法获得的额外收益。但事实上，公司的控制权并不是大股东独享的。伯利和米恩斯在提出控制权这一概念时，就指出控制权有多种形态，不仅包括控股股东的控制权，还有管理层控制权（management control），前者以法律为基础，后者以事实为基础，即实际控制权。而且很多情况下控股股东的控制权实施需要与管理层的合作，二者形成"共同控制"（joint control）。LLSV后来提出的"内部人控制"也同时指控股股东和管理层的控制②。近期如陈仕华、郑文全等人的研究也认为，包括中国在内的一些国家的大多数企业处于一种混合治理模式下③，形成大股东和管理层的"共同控制"。因此如果把控制权收益仅仅看作大股东的额外收益，是对控制权收益的一种不完整的理解，管理层也应该能通过其掌握的控制权获取相应的管理层控制权收益。

国内有研究者如周其仁、黄群慧、徐宁等很早就提到了控制权收益的概念，当时提出这个概念的时候，其出发点是基于对中国企业实际情况的观察和分析，主要用于说明中国企业高管因为拥有更多的内部人控制权，因而获得通常报酬以外的额外收益，是一种重要的激励方式。但这与主流研究中所提到的控制权收益概念其实并不相同，其区别和联系也没有在之前的研究中被讨论过，本章将把这两个概念统一起来，正式建立"高管控制权收益"的概念。

---

① 贾明、张喆、万迪昉：《控制权私人收益相关研究综述》，《会计研究》2007年第6期。

② La Porta, R., F. Lopez - De - Silanes, A. Shleifer, R. Vishny et al., "Investor Protection and Corporate Governance", *Journal of Financial Economics*, Vol. 59, No. 3, 2000, pp. 3 - 27.

③ 陈仕华、郑文全：《公司治理理论的最新进展：一个新的分析框架》，《管理世界》2010年第2期。

第二节　高管控制权收益理论分析

一　高管的控制权及控制权收益

如前所述，企业高管实际拥有的控制权（management control），在很多情况下与控股股东的控制权形成了对企业的"共同控制"（joint control），即陈仕华、郑文全等人所说的在混合治理模式下，形成的大股东和管理层的"共同控制"，或者也可以理解为阎达五、宋建波[①]所称的双元控制主体。甚至还有一些研究，比如王季[②]在谈到控制权配置的时候，就指出随着一些学者逐渐放弃了抽象意义上的"剩余控制权"的概念，强调实际控制权的配置应该与信息和知识的分布相对称，控制权的配置不再应该被看成 1/0 关系，现实中控制权的配置是连续的，权利可以同时配置在不同的利益相关者之间。因此，高管在企业拥有控制权并获得了控制权收益不难理解。

在现有的关于控制权收益的研究中，已经有研究者提到了高管在大股东获取控制权收益过程中的作用，或者说，高管也是可以获得控制权收益的，例如 Rene[③] 就认为管理层通过控制投票可以获得控制权收益，Hwang[④]等人的研究发现当考虑高管对公司的控制权时，总的控制权私有收益水平明显增加，而考虑所有权水平变化时计算控制权私人收益，其变化并不大，这说明高管对控制权收益的获取起着重要的作用，而不能仅仅认为大股东的控制权是产生控制权收益的唯一原因。国内研究者例如童卫华[⑤]也认为高管乐意接受明显偏低的显性报

---

① 阎达五、宋建波：《双元控制主体构架下现代企业会计控制的新思考》，《会计研究》2000 年第 3 期。

② 王季：《控制权配置与公司治理效率》，《经济管理》2009 年第 8 期。

③ Rene, S. M., "Managerial Control of Voting Rights: Financing Policie – and the Market for Corporate Control", *Journal of Financial Economics*, Vol. 20, 1988, pp. 25 – 54.

④ Joon Ho Hwang, Neal Galpin, Craig Holden, "Whose Private Benefits of Control – Owners or Managers", SSRN Working Paper, 2004.

⑤ 童卫华：《我国国有企业高管人员报酬：控制权激励观》，《经济学家》2005 年第 6 期。

酬（包括年薪、股权收入等）而不选择"另谋高就"的经济原因是我国国有企业高管人员可以通过控制权收益来获得其人力资本的价值。王克敏等①认为当高管控制权缺乏监督和制衡时，公司激励约束机制失效，导致总经理寻租空间增大，即控制权私有收益增多。李善民等②则运用纳什谈判解的概念，从"专有管理才能"的间接交易这一角度分析了控制权利益，他们认为控制权利益在一定程度上是所有者获取"专有管理才能"所支付的代价，是"专有管理才能"的间接定价形式，因此控制权利益对于管理者有激励作用。基于这些研究和以上对高管实际控制权的认识，容易理解高管的确在企业经营中获得了控制权收益，而且这种收益与通常讨论的大股东的控制权收益一样，同时具有激励效应和堑壕效应。基于此，提出"高管控制权收益"的概念是恰当的。

同大股东的控制权收益一样，高管控制权收益也是相对其所有权收益的一个概念。如果把高管通常在公司获得的薪酬以及股权收益等看作与其人力资本和实物资本相对应的"所有权收益"，则除此之外，管理层在公司获得的其他所有额外收益都可以看作控制权收益，因为这些收益的获得都必然以管理层拥有的控制权为基础，这也是管理层存在于企业这个组织的本质特征和属性导致的。高管的控制权收益概念与近期的高管权力论对高管在企业获得额外收益的认识的本质一样，因为"高管权力论"中的"权力"的本质就是高管的控制权，只不过高管权力论强调的是高管对薪酬契约的制定、执行过程的控制权，而提出高管控制权收益的概念则包括了高管利用自己在企业的控制权所获得的各种额外收益。而且本书要强调的是，高管的这种控制权收益的获得是通过与所有者的合作实现的，或者说是通过与所有者的合作"关系"实现的，因此可以把高管的控制权收益理解为一种关系契约所形成的高管激励形式。接下来，将从关系契约论视角对高管

---

① 王克敏、王志超：《高管控制权、报酬与盈余管理——基于中国上市公司的实证研究》，《管理世界》2007 年第 7 期。

② 李善民、张媛春：《控制权利益与专有管理才能：基于交易视角的分析》，《中国工业经济》2007 年第 5 期。

控制权收益的性质进行进一步的解析。

二　高管控制权收益：关系契约激励的一种

可以从两个角度来理解高管控制权收益是高管通过关系契约获得的激励的一种。第一，高管通过与所有者的合作来获得控制权收益，即所谓的"共同控制"，没有与所有者之间的这种合作，高管无法就实现这种收益，而这种合作也正是以在企业中高管与所有者所形成的"关系"为基础，因此可以将控制权收益理解为通过达成关系契约而获得的收益。第二，高管获得的控制权收益有激励作用，这种激励不是通过正式激励契约形成的，而是通过和所有者的关系契约达成的一致，因此可以理解为一种典型的通过关系契约形成的高管激励。

对第一点的认识，可以从一些关于控制权收益的最新研究中得到支持，主流的关于控制权收益的研究最初认为控制权收益是不可分割的，但最近的研究改变了这一观点，Zwiebel 等证明了控制权收益在大股东之间的可分割性；关于控制权收益早期的一些研究还强调其可转移性，因为 Grossman 等提出的最典型的大股东获取控制权收益的方式是通过资产转移来实现的，但后来窦炜、刘星[1]等的研究证实，大股东获取控制权收益的方式其实有很多种，有些并不一定以资产转移为途径。进一步分析可以发现，无论大股东采取什么方式攫取控制权收益，是自利性交易（关联交易、定向增发、股利政策等），还是赵昌文等[2]提出的特权消费等其他行为，都需要利用公司的资源，或者进行一定的投资、实施一定的项目来实现，而这些活动在"共同控制"的治理模式下，都必然需要企业高管的支持与参与。因此，高管作为大股东获取控制权收益活动的重要合作者，必然与大股东一起参与控制权收益的分享。当然除此以外，高管还可能利用自己的控制权获得一些大股东不能获得的控制权收益，因此可以说，高管的控制权收益从组成上来讲，有一部分是管理层在经营管理过程中通过自己的

---

[1]　窦炜、刘星：《基于控制权私有收益视角的大股东控制与公司治理理论研究综述》，《经济与管理研究》2010 年第 2 期。

[2]　赵昌文、蒲自立、杨安华：《中国上市公司控制权私有收益的度量及影响因素》，《中国工业经济》2004 年第 6 期。

控制权独立获得的额外收益，另一部分则是与大股东分享的控制权收益。

对以上第二个角度的理解，则来自对高管控制权收益性质的认识。如同现有研究提到的，控制权收益对大股东有激励作用，同时也会产生堑壕效应，即过度的大股东控制权收益会损害公司价值，这种双刃剑效应对于高管控制权收益而言，也是一样的。即高管控制权收益既有激励效应，同时也要注意，过高的管理层控制权收益最终会损害所有者利益，因为高管控制权收益有隐蔽性、灵活性和不确定性，给所有者监管带来更大难度。从关系契约理论的角度来理解，高管控制权收益的这两点性质也显而易见，首先要承认的是控制权收益是所有者对高管重要的激励形式，即李善民等人指出的，控制权收益是所有者获取高管的专有管理才能所应该支付的代价，包括国内早期的研究者如周其仁、黄群慧、徐宁等人提出的控制权收益的概念，实际上也是从这个角度来解释高管的控制权收益。换言之，高管获得的这种收益被所有者认可，但只能通过关系契约予以确认，比如以默认或者口头允许的方式；同时，由于关系契约具有较大的灵活性和适应性，通常没有明确的可供第三方证实的书面契约形式和量化指标，而只能依靠缔约双方的相互信任和对合作关系的重视，即契约的自我履约性来实现，所以给所有者带来了监管上的风险，或者说面临更突出的道德风险，也更容易产生堑壕效应。从这两点来看，高管获得的控制权收益就是典型的通过关系契约获得的高管激励。广义来讲，之前研究者们关注到的高管的各种其他收益、隐性收益，比如超额职务消费、政治激励、堑壕性收益等私有收益，都可以理解为高管的控制权收益，当然也是高管激励中的一种。

第三节　控制权收益分享机制及"一把手"现象研究

本书接下来将使用一个合作博弈模型分析高管和所有者的控制权

收益分享机制，并同时使用这一模型解释中国企业"一把手"权力集中的现象。

一　问题的提出

LLSV 的研究指出企业控制权集中现象在世界各国都很普遍[①]，中国也不例外，无论是国有企业还是家族企业，控制权集中的现象都很显著。但围绕这一问题开展的研究大多强调的是大股东攫取控制权收益的问题，却忽视了企业高管层在这一过程中也是重要的利益相关者。Burkart 等[②]在分析家族企业的高管选拔理论模型时假设了控股股东与高管的合谋行为，但没有解释他们如何合谋。国内也有实证研究发现控制权在高管团队高度集中对企业绩效有积极影响[③]，在分析中国国有企业突出的"一把手"权力集中现象时，Fan 等则指出这是政府管理国有企业的一种有效方式[④]，但这些研究对高管权力集中的原因，并没有进行深入分析。本书就尝试在上述研究基础上，从合作博弈的角度对大股东和高管的合谋行为及高管权力集中现象进行进一步的理论阐述和模型分析。

"一把手"即企业高管中的最高权力者，为什么会产生"一把手"权力集中的现象？或者说为什么企业愿意将控制权集中配置给"一把手"？本书认为是大股东（或控股股东）与管理层合作获取并分享控制权收益的需要，促使企业做出这样的控制权配置决策。如上文所述，本书通过对"控制权收益"概念的重新阐释以及对大股东获取控制权收益过程的分析，指出企业内的控制权收益并不由大股东独享，管理层因为拥有企业的实际控制权，通过与大股东形成"共同控

---

① La Porta, R. , F. Lopez – De – Silanes, and A. Shleifer et al. , "Corporate Ownership Around the World", *Journal of Finance*, Vol. LIV, No. 2, 1999, pp. 471 – 517.

② Burkart, M. , F. Panunzi, and A. Shleifer et al. , "Family Firms", *Journal of Finance*, Vol. 58, No. 5, 2006, pp. 2167 – 2202.

③ 曹晶、杨斌、杨百寅：《高管团队权力分布与企业绩效探究——来自上海和深圳证券交易所上市公司的实证研究》，《科学学与科学技术管理》2015 年第 7 期。

④ Fan, J. , T. Wong, and T. Zhang et al. , "Institutions and organizational structure: The case of state – owned corporate pyramids", *Journal of Law, Economics, and Organization*, Vol. 29, No. 6, 2013, pp. 1217 – 1252.

制"而分享了控制权收益，获得了"管理层的控制权收益"。接下来，本书将通过建立二者之间的合作博弈模型，并利用夏普利值测算均衡时大股东和管理层分别获得的控制权收益的大小，还将结合进一步的算例进行检验。本书的分析不仅进一步从理论上加深了对控制权收益的认识，还会就"一把手"权力集中现象进行新的理论解释，丰富该领域的文献。

二　控制权收益在大股东和管理层间的分享

大股东和管理层究竟如何分享控制权收益？本书将用一个合作博弈理论模型及其解——夏普利值，分析其机制、测算其收益的大小并同时分析大股东的最优控制权配置决策。

首先，假设可以参与大股东获取控制权收益活动的管理层并不是唯一的，那些在企业当中拥有一定控制权的高管个体，包括总经理（或总裁）、副总经理（副总裁）、财务总监、技术总监、销售总监等企业重要高管都有可能参与其中。比如大股东希望通过投资一个新的项目来获取控制权收益，就需要高管当中的一个或者多个成员参与决策并实施，管理层成员在其中投入其专用型人力资本，获取的回报则是分享的控制权收益。把这个过程用一个合作博弈模型进行描述，则可以将其行动时序用下图表示出来：

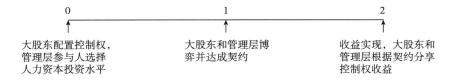

图4.1　行动时序

对大股东而言，最重要的是如何选择管理层成员参与到他获取控制权收益的活动当中，以及如何在这些参与人中分配控制权收益，而这也正是公司控制权配置的决策过程。借鉴 Rajan 和 Zingales[1] 在分析企业内部关键资源使用权时给出的框架，本书假设管理层投入到大股

---

① 　Rajan, R. G., and L. Zingales, "Power in a Theory of the Firm", *Quarterly Journal of Economics*, Vol. 113, No. 2, 1998, pp. 387 – 432.

东获取控制权收益活动中的专用型人力资本存在这样三种情形：

（1）管理层的专用型人力资本对于大股东获取控制权收益的活动而言是相互替代的，即这些活动所需的人力资本是管理层成员都具备的，比如简单的资产转移行动。但是，不同的管理层成员由于其人力资本水平的高低等因素可以投资到该活动中的人力资本数量是不同的，假设这种投资越大，能产生的控制权收益总额也越高，则此时理性的大股东必定会选择能使其获得最大化控制权收益的管理层成员参与其中，并赋予控制权。

（2）管理层的专用型人力资本对于大股东获取控制权收益的活动而言是可加的，即大股东可以采取不同的行动，接受不同的管理层人力资本的投资，在不同的活动上获取控制权收益，比如财务总监更擅长在资本运营等领域帮助大股东获取控制权收益，而技术总监则更擅长选择更好的投资项目帮助大股东获取更多控制权收益，此时理性的大股东的控制权配置决策会与第（1）种情况有所不同。

（3）管理层的专用型人力资本对于大股东获取控制权收益的活动而言是互补的，即大股东获取控制权收益的活动需要不同的管理层人力资本共同投资，比如需要不同专业领域的知识和技术的共同投入才能实现计划并获得收益，此时理性的大股东的最优控制权配置决策又会有所不同。

（一）基本模型

假设大股东和管理层满足理性人假设。大股东有一个用以获取控制权私有收益的活动计划，其实施需要管理层的参与。在合作中，大股东通常投入实物资本，而管理层投入该项目的专用型人力资本，用 i_j 表示管理层参与人 j 在日期 0 作出的这种投资。由于是专用的人力资本，在分析中不考虑这种投资的外部价值。用 $R(i)$ 表示该活动最终获得的控制权收益，而且假设如果没有任何一个管理层成员的参与，大股东能获得的收益是 $R(0)$。$R(i)$ 是一个满足凹性假设的收益函数，可得：

$$R'(i) > 0, \ R''(i) < 0, \ \text{且} \ \lim_{i \to 0} R'(i) = \infty, \ \lim_{i \to \infty} R'(i) = 0$$

即管理层的专用型人力资本投资越大，能实现的控制权总收益也越大，但其增速是递减的。

考虑大股东和管理层之间的博弈为一个典型的合作博弈，则夏普利值作为一个合作博弈解的概念（满足对称性、线性以及有效性三条公理），是分析该问题的一个得力工具。夏普利值给出了一个参与方在一个联盟博弈中可以分摊到的收益水平，取决于他对该联盟的边际贡献的期望，董保民等给出了夏普利值的公式[①]：

$$B_i = \sum_{S|i \in S} \frac{(s-1)!(n+1-s)!}{(n+1)!} [v(S) - v(S \setminus \{i\})] \qquad (4.1)$$

这里 $s = |S|$，是联盟 s 中的参与人个数，$n+1$ 是联盟中总的参与人数量，$v(S)$ 是联盟 S 的得益水平，$v(S \setminus \{i\})$ 是不包括 i 的联盟 s 的收益水平。在大股东和管理层的合作博弈问题中，就用该夏普利值来表示各参与方所分配的控制权收益。

根据上述三种管理层专用型人力资本投资类型的分析，下面分别就三种情形下大股东和管理层合作获取控制权收益以及大股东的控制权配置决策进行了理论分析，分析方法参照了 Rajan 和 Zingales 的思路，但在他们的模型基础上拓展到了 n 个参与人的情形，并测算了每种情况下大股东和管理层各自获得的最优控制权收益水平，随后还将使用算例进行检验。

（二）在第（1）种情况下：完全替代的管理层专用型人力资本投资

首先假设大股东只安排一个管理层参与人参与该活动，在日期1，大股东和该管理层参与人对控制权收益的分配进行谈判，该管理层能得到的控制权收益就是纳什谈判解：

$$\frac{1}{2}(R(i) - R(0)) \qquad (4.2)$$

这时对于该管理层参与人而言，他在日期0 的最优投资决策就是使下式取得最大值：$\frac{1}{2}(R(i) - R(0)) - i$

其一阶条件是：$R'(i) = 2$。这时大股东和管理层分别获得的控制

[①] 董保民、王运通、郭桂霞：《合作博弈论》，中国市场出版社 2008 年版。

权收益都等于式（4.2）。

其次假设大股东让两个管理层参与人参与该活动，由于二者的投资是完全替代的，则能产生的最大控制权收益是 $R(\max\{i_1, i_2\})$。假设第 2 个管理层参与人的投资水平 i_2^* 已知，来考虑第 1 个管理层参与人的最优决策问题，根据夏普利值的公式，他的收益可以用下式表示：

$$\frac{1}{6}\big[R(i_1) - R(0)\big] + \frac{1}{3}\big[R(\max\{i_1, i_2^*\}) - R(i_2^*)\big] - i_1 \qquad (4.3)$$

对式（4.3）求导可以得到：

$$\begin{cases} \dfrac{1}{6}R'(i_1) = 1, & \text{当 } i_1 < i_2^* \text{ 时} \\[2mm] \dfrac{1}{2}R'(i_1) = 1, & \text{当 } i_1 \geq i_2^* \text{ 时} \end{cases}$$

即当时 $i_1 < i_2^*$，i_1 的最优取值应该使 $R'(i_1) = 6$，令该值为 i_L；当 $i_1 \geq i_2^*$ 时，i_1 的最优取值应该使 $R'(i_1) = 2$，令该值为 i_H。考虑大股东和这两个管理层参与人形成的纯战略博弈，存在两个均衡：（1）参与人 1 投资 i_L，参与人 2 投资 i_H；（2）参与人 1 投资 i_H，参与人 2 投资 i_L。再考虑混合战略情况，假设两个管理层参与人的投资水平是连续的随机变量，由于低于 i_L 的投资或者高于 i_H 的投资策略是被严格占优的，则只需在区间 $[i_L, i_H]$ 上考虑均衡问题。假设第 2 个参与人的投资水平的分布函数为 $G(i_2^*)$，那么第 1 个参与人的收益就是：$\dfrac{1}{6}\big[R(i_1) - R(0)\big] +$

$\dfrac{1}{3}\displaystyle\int_{i_L}^{i_1}\big[R(i_1) - R(i_2^*)\big]dG(i_2^*) - i_1$

使其取得最大值的一阶条件是：$\dfrac{1}{6}R'(i_1) + \dfrac{1}{3}G(i_1)R'(i_1) = 1$，得：

$G(i_1) = \dfrac{3}{R'(i_1)} - \dfrac{1}{2}$。

根据对称性，两个参与人的分布函数应该是相同的，因此对于在区间 $[i_L, i_H]$ 内的所有 i 的取值，都有 $G(i) = \dfrac{3}{R'(i)} - \dfrac{1}{2}$。这时，根据式（4.3）可知，每个参与人的期望收益是 $\dfrac{1}{6}\big[R(i_L) - R(0)\big] - i_L$。

从上述分析可以看到,当管理层参与人的人力资本投资是完全可替代的时候,如果选择一个管理层成员参与活动,则能获得的总的控制权收益是 $R(i_H)$,总的专用型投资水平是 i_H;当有两个管理层参与人时,在纯战略的非对称均衡情况下,总的控制权收益水平也是 $R(i_H)$,但参与人总的投资水平是 $i_H + i_L$,即存在投资过度;在混合战略的对称均衡情况下,总的期望控制权收益是:

$\int_{i_L}^{i_H} \left[R(i_1) G(i_1) + \int_{i_1}^{i_H} R(i_2) \mathrm{d}G(i_2) \right] \mathrm{d}G(i_1)$,这里,$G(i) = \dfrac{3}{R'(i)} - \dfrac{1}{2}$,积分可得:

$$\int_{i_L}^{i_H} \left[R(i_H) - \int_{i_1}^{i_H} \left(3 - \frac{1}{2} R'(i_2) di_2 \right) \right] \mathrm{d}G(i_1) \tag{4.4}$$

由于式(4.4)的值小于 $R(i_H)$,且此时管理层也存在投资过度的情况。如果大股东选择 n 个管理层成员参与该活动,其分析和上述情况类似,且投资过度更为严重。

由上述分析可得到:

命题1:当管理层参与人的专用型投资对获取控制权收益的活动而言是完全可替代的时候,选择投资水平最高的一个管理层成员参与其中是大股东的最优决策。

命题2:若管理层参与人的专用型投资对控制权收益的获取而言是完全可替代的,大股东做出最优决策并取得均衡时,该管理层参与人的专用型人力资本投资水平为 i_H,i_H 满足 $R'(i_H) = 2$,大股东和管理层参与人分别获得 $\dfrac{1}{2}(R(i_H) - R(0))$ 的控制权收益。

(三)在第(2)种情况下:可加的管理层专用型人力资本投资

如果对于获取控制权收益的活动而言,各管理层参与人的专用型投资是可加的,若大股东选择了 n 个管理层成员参与其中,则能产生的总的控制权收益水平是 $R(i) = R\left(\sum_{j=1}^{n} i_j \right)$,$i_j$ 是第 j 个管理层参与人的专用型投资水平。这时合作博弈的参与人有 $n+1$ 个,假设其中 $n-1$ 个管理层参与人的投资水平相同,用 $i^*(n)$ 表示,那么根据式(4.1)可

知,博弈中另一个参与人 k 的支付可表示为:

$$\sum_{j=1}^{n} \frac{j}{n(n+1)} \left[R((j-1)i^*(n) + i_k) - R((j-1)i^*(n)) \right] - i_k$$

(4.5)

这里 $n(n+1)$ 表示由大股东、n 个管理层参与人所构成联盟的总数,而 j 是其中包含大股东的有 j 个参与人且管理层参与人 k 排在第 j 个位置上的联盟的数量。

对参与人 k 而言,其最优决策的一阶条件可通过对式(4.5)求导得到:

$$\sum_{j=1}^{n} \frac{j}{n(n+1)} \left[R'((j-1)i^*(n) + i_k) \right] = 1$$

(4.6)

假设 n 个管理层参与人是没有差异的,则所有管理层参与人的决策均衡点是相等的,即存在对称的纳什均衡点,所以式(4.6)可转换为:

$$\sum_{j=1}^{n} \frac{j}{n(n+1)} R'(ji^*(n)) = 1$$

(4.7)

假设 $i^*(n) = i^*(n+1)$,由式(4.7)知:

$$\sum_{j=1}^{n} \frac{j}{n(n+1)} R'(ji^*(n)) = \sum_{j=1}^{n+1} \frac{j}{(n+1)(n+2)} R'(ji^*(n+1)),$$

将 $i^*(n) = i^*(n+1)$ 代入可得:

$$\left(\sum_{j=1}^{n} \frac{j}{n(n+1)} - \sum_{j=1}^{n+1} \frac{j}{(n+1)(n+2)} \right) R'(ji^*(n)) = 0$$

整理上式得:

$$\sum_{j=1}^{n} \frac{2j}{n(n+1)(n+2)} R'(ji^*(n)) - \frac{1}{n+2} R'((n+1)i^*(n)) = 0$$

(4.8)

但是,根据 $R'' < 0$,应该有:

$$(4.8) \text{式} > \sum_{j=1}^{n} \frac{2j}{n(n+1)(n+2)} R'((n+1)i^*(n)) - \frac{1}{n+2} R'$$

$$((n+1)i^*(n)) = \left[\frac{2\sum_{j=1}^{n} j}{n(n+1)(n+2)} - \frac{1}{n+2} \right] R'((n+1)i^*(n)) =$$

0,这与式(4.8)是矛盾的。若 $i^*(n) < i^*(n+1)$,式(4.8)也不能成

立,因此必然有 $i^*(n) > i^*(n+1)$。即满足式(4.7)的管理层参与人的投资水平随着 n 的增加而减少。

但对大股东而言,他更关心的是这些参与人总的投资水平,因为能获得的控制权收益水平取决于管理层参与人投资的总额,即 $R(i) = R(\sum_{j=1}^{n} i_j)$。那么对 $\sum_{j=1}^{n} i_j$ 的分析如下:

若只有 1 个管理层成员参与,其最优投资水平是 $i^*(1)$ 满足 $\frac{1}{2}R'(i^*(1)) = 1$。若是 2 个成员参与,则最优投资水平的均衡条件是根据式(4.7)取 $n=2$ 得到:

$$\frac{1}{6}R'(i^*(2)) + \frac{1}{3}R'(2i^*(2)) = 1$$

用这两个均衡条件相减可以得到:

$$\frac{1}{6}[R'(i^*(2)) - R'(i^*(1))] + \frac{1}{3}[R'(2i^*(2)) - R'(i^*(1))] = 0$$

$$(4.9)$$

根据上述分析知道,$i*(2) < i*(1)$,又因为 $R' > 0$ 而 $R''(i) < 0$,所以 $R'(i^*(2)) - R'(i^*(1)) > 0$,要使式(4.9)成立,必然有 $2i*(2) - i*(1) > 0$,即 2 个成员参与时的总投资大于一个成员参与的总投资水平。

进一步,当管理层参与人为时,其均衡投资水平由下式决定:

$$\frac{1}{12}R'(i^*(3)) + \frac{2}{12}R'(2i^*(3)) + \frac{3}{12}R'(3i^*(3)) = 1$$

即三个参与人情况下他们的边际收益是

$$\frac{1}{12}R'(i(3)) + \frac{2}{12}R'(2i(3)) + \frac{3}{12}R'(3i(3)) - 1 \qquad (4.10)$$

现考虑当三个参与人总的投资水平等于 2 个参与人时的均衡水平时,即时,应该有:

$$\frac{1}{6}R'\left(\frac{3}{2}i(3)\right) + \frac{1}{3}R'(3i(3)) = 1 \qquad (4.11)$$

若要判断式(4.10)是否大于 0,可以通过分析下式的正负性质来实现:

$$\frac{1}{12}R'(i(3)) + \frac{2}{12}R'(2i(3)) + \frac{3}{12}R'(3i(3)) - \left(\frac{1}{6}R'\left(\frac{3}{2}i(3)\right) + \frac{1}{3}R'(3i(3))\right)$$

整理得：

$$\frac{1}{12}\left[R'(i(3)) - R'\left(\frac{3}{2}i(3)\right)\right] - \frac{1}{12}\left[R'\left(\frac{3}{2}i(3)\right) - R'(2i(3))\right] +$$

$$\frac{1}{12}\left[R'(2i(3)) - R'\left(\frac{5}{2}i(3)\right)\right] + \frac{1}{12}\left[R'\left(\frac{5}{2}i(3)\right) - R'(3i(3))\right]$$

$$(4.12)$$

根据 $R' > 0$ 而 $R''(i) < 0$ 分析可知，式（4.12）的值的正负性关键取决于函数 R' 的性质。如果 $R''' \leqslant 0$，即 R'' 是减函数，则式（4.12）为正；如果 $R''' \geqslant 0$，即 R'' 是增函数，则式（4.12）也为正。所以只要 R'' 是弱单调的，当 3 个管理层参与人的总投资水平与两个参与人情况下的均衡水平相等时，他们还有正的边际投资倾向，所以均衡时，三个管理层参与人的总投资水平高于 2 个参与人的情况。

更一般地，有 n 个管理层参与人时，每个参与人的边际收益是：

$$\sum_{j=1}^{n} \frac{j}{n(n+1)}R'(ji(n)) - 1, 且均衡时 \sum_{j=1}^{n-1} \frac{j}{n(n-1)}R'(ji(n-1)) = 1,$$

当 n 个参与人的总投资水平达到 $n-1$ 个参与人均衡时的总水平时，即 $ni(n) = (n-1)i^*(n-1)$ 时，他们的边际收益是：

$$\sum_{j=1}^{n} \frac{j}{n(n+1)}R'(ji(n)) - 1 =$$

$$\sum_{j=1}^{n} \frac{j}{n(n+1)}R'(ji(n)) - 1 - \sum_{j=1}^{n-1} \frac{j}{n(n-1)}R'\left(\frac{jn}{n-1}i(n)\right) - 1 =$$

$$\frac{1}{n(n+1)}R'(i(n)) + \frac{2}{n(n+1)}R'(2i(n)) + \frac{3}{n(n+1)}R'(3i(n)), \cdots,$$

$$\frac{n-2}{n(n+1)}R'((n-2)i(n)) + \frac{n-1}{n(n+1)}R'((n-1)i(n)) + \frac{n}{n(n+1)}R'(ni(n)) -$$

$$\left[\begin{array}{l} \frac{1}{n(n-1)}R'\left(\frac{n}{n-1}i(n)\right) + \frac{2}{n(n-1)}R'\left(\frac{2n}{n-1}i(n)\right) + \\ \frac{3}{n(n-1)}R'\left(\frac{3n}{n-1}i(n)\right), \cdots, + \frac{n-2}{n(n-1)}R'\left(\frac{(n-2)n}{n-1}i(n)\right) + \\ \frac{n-1}{n(n-1)}R'\left(\frac{(n-1)n}{n-1}i(n)\right) \end{array}\right] =$$

$$\frac{n-1}{n(n+1)(n-1)}\left[R'(i) - R'\left(\frac{n}{n-1}i\right)\right] -$$

$$\frac{2}{n(n+1)(n-1)}\left[R'\left(\frac{n}{n-1}i\right) - R'\left(\frac{n+1}{n-1}i\right)\right] -$$

$$\frac{2}{n(n+1)(n-1)}\left[R'\left(\frac{n+1}{n-1}i\right) - R'\left(\frac{n+2}{n-1}i\right)\right] -, \cdots,$$

$$\frac{2}{n(n+1)(n-1)}\left[R'\left(\frac{2n-3}{n-1}i\right) - R'\left(\frac{2n-2}{n-1}i\right)\right] +$$

$$\frac{2n-4}{n(n+1)(n-1)}\left[R'\left(\frac{2n-2}{n-1}i\right) - R'\left(\frac{2n-1}{n-1}i\right)\right] +$$

$$\frac{2n-4}{n(n+1)(n-1)}\left[R'\left(\frac{2n-1}{n-1}i\right) - R'\left(\frac{2n}{n-1}i\right)\right] -$$

$$\frac{6}{n(n+1)(n-1)}\left[R'\left(\frac{2n}{n-1}i\right) - R'\left(\frac{2n+1}{n-1}i\right)\right] -$$

$$\frac{6}{n(n+1)(n-1)}\left[R'\left(\frac{2n+1}{n-1}i\right) - R'\left(\frac{2n+2}{n-1}i\right)\right] -, \cdots, -$$

$$\frac{6}{n(n+1)(n-1)}\left[R'\left(\frac{3n-4}{n-1}i\right) - R'\left(\frac{3n-3}{n-1}i\right)\right] +$$

$$\frac{3n-9}{n(n+1)(n-1)}\left[R'\left(\frac{3n-3}{n-1}i\right) - R'\left(\frac{3n-2}{n-1}i\right)\right] +, \cdots, +$$

$$\frac{3n-9}{n(n+1)(n-1)}\left[R'\left(\frac{3n-1}{n-1}i\right) - R'\left(\frac{3n}{n-1}i\right)\right] -$$

$$\frac{12}{n(n+1)(n-1)}\left[R'\left(\frac{3n}{n-1}i\right) - R'\left(\frac{3n+1}{n-1}i\right)\right] -, \cdots, -$$

$$\frac{(n-1)^2 + (n-1)}{n(n+1)(n-1)}\left[R'\left(\frac{n^2-n-1}{n-1}i\right) - R'\left(\frac{n(n-1)}{n-1}i\right)\right] -$$

$$\frac{(n-1)^2 + (n-1)}{n(n+1)(n-1)}\left[R'\left(\frac{3n}{n-1}i\right) - R'\left(\frac{3n+1}{n-1}i\right)\right] -, \cdots, -$$

$$\frac{(n-1)(n-n+1)}{n(n+1)(n-1)}\left[R'\left(\frac{n^2-n-1}{n-1}i\right) - R'\left(\frac{(n-1)}{n-1}ni\right)\right] -$$

$$\frac{n(n-1)}{n(n+1)(n-1)}R'(ni) + \frac{n(n-1)}{n(n+1)(n-1)}R'(ni) \qquad (4.13)$$

式（4.13）的最后两项相加为 0，根据 $R > 0$ 而 $R''(i) < 0$，如果 R'' 满足弱单调性，则式（4.13）的值大于 0。由此得到：

命题 3：当管理层参与人的专用型投资对于控制权收益的获取而言是可加的时候，如果 R'' 满足弱单调性，则 n 个参与人的总的均衡投资水平 $ni^*(n)$ 随着 n 的增加而增加。

根据命题 3，随着管理层参与人数量 n 的增加，能够获取的总的控制权收益 $R(i) = R(\sum_{j=1}^{n} ni^*(n))$ 也会递增。但这时参与分享控制权收益的人数也增加了。对于大股东而言，他的最优决策取决于他能分配到的控制权收益，在该合作博弈中，均衡时，n 个管理层参与人能获得的控制权收益如下：

$$n \times \sum_{j=1}^{n} \frac{j}{n(n+1)}[R(ji^*(n)) - R((j-1)i^*(n))] =$$

$$\frac{1}{n+1}[-R(0) - R(i^*(n)) - R(2i^*(n)) -, \cdots, -$$

$$R((n-1)i^*(n) + nR(ni^*(n)))]$$

则大股东能获得的控制权收益为：

$$R(ni^*(n)) - \frac{1}{n+1}[-R(0) - R(i^*(n)) - R(2i^*(n)) -, \cdots, -$$

$$R((n-1)i^*(n) + nR(ni^*(n)))] = \frac{1}{n+1}[R(0) + R(i^*(n)) +$$

$$R(2i^*(n)) +, \cdots, + R((n-1)i^*(n) + nR(ni^*(n)))] \quad (4.14)$$

虽然根据命题 3，在一定的条件下，随着管理层参与人数 n 的增加，式（4.14）方括号内的值不断增加，但 n 的增加也使大股东能获得的控制权收益被"摊薄"，即式（4.14）方括号外的系数的影响，因此大股东能否获得一个控制权收益的极值，取决于这两种影响的比较。如果在某一个水平上，式（4.14）取得极大值，则此时的 n 就是大股东应该选择的管理层参与人的最优数量。

命题 4：若管理层参与人的专用型投资对于控制权收益的获取而言是可加的，均衡时，每个管理层参与人获得的控制权收益是 $\sum_{j=1}^{n}$

$\frac{j}{n(n+1)}[R(ji^*(n)) - R((j-1)i^*(n))]$，这里的 $i^*(n)$ 满足 $\sum_{j=1}^{n}$

$$\frac{j}{n(n+1)}R'(ji^*(n)) = 1 。$$

大股东获得的控制权收益是 $\frac{1}{n+1}[R(0) + R(i^*(n)) + R(2i^*$ $(n)) + , \cdots , + R((n-1)i^*(n) + nR(ni^*(n)))]$，该式取得最大值时的 n 值是大股东选择的最优管理层参与人数量。

（四）在第（3）种情况下：互补的管理层专用型人力资本投资

对于控制权收益的获取而言，当管理层参与人之间的专用型投资是互补的时候，每个参与人对于联盟的贡献不仅与他自己的投资水平有关，还取决于其他参与人的投资水平，这时能产生的控制权收益可用下式表示：$R(i) = R(i_1, i_2, \cdots, i_n)$。

假设控制权收益获取需要两种互补性的工作 A 和 B 共同来完成，如果只有 1 个管理层参与人，则他必须同时在 2 种工作上进行专用型投资；如果有 2 个及以上的管理层参与人，则他们每个人只在 1 种工作上投资。并假设 2 个工作的成本是相同的，其产出是对称的，为：

$$R_1(i^A, i^B) = R_2(i^B, i^A)$$

另外假设 $R_A(\cdot) > 0$，$R_{AB}(\cdot) > 0$ 而 $R_A A(\cdot) < 0$，这里 $R_A(\cdot)$ 表示对工作 A 的投资求偏导，$R_{AB}(\cdot)$ 和 $R_A A(\cdot)$ 表示二阶偏导。如果只考虑一个管理层参与人，则他会选择的投资水平 i^A，i^B 须满足下式的最大化：

$$\max_{i^A, i^B} \frac{1}{2}[R(i^A, i^B) - R(0)] - i^A - i^B$$

其一阶条件是：$\frac{1}{2}R_A(i^{A*}, i^{B*}) = 1$ 以及 $\frac{1}{2}R_B(i^{A*}, i^{B*}) = 1$

$$(4.15)$$

再考虑两个参与人的情况，此时，假设 2 个人分别对工作 A 和 B 进行专用型投资，对于投资于工作 A 的第 1 个参与人而言，用夏普利值计算其控制权收益，并将其最终收益表示为：

$$\frac{1}{6}[R(i_1^A, 0) - R(0, 0)] + \frac{1}{3}[R(i_1^A, i_2^B) - R(0, i_2^B)] - i_1^A$$

$$(4.16)$$

其一阶条件为：

$$\frac{1}{6}R_A(i_1^A,\ 0)+\frac{1}{3}R_A(i_1^A,\ i_2^B)=1 \tag{4.17}$$

对式（4.15）的第一个等式求导可得：

$$R_{AA}(i^A,\ i^B)+R_{AB}(i^A,\ i^B)\cdot\frac{\mathrm{d}i^B}{\mathrm{d}i^A}=0,\ 并可转化为：\frac{\mathrm{d}i^A}{\mathrm{d}i^B}=-\frac{R_AB(i^A,\ i^B)}{R_{AA}(i^A,\ i^B)}$$

因为 $R_{AB}(\cdot)>0$ 而 $R_{AA}(\cdot)>0$，因此 $\frac{\mathrm{d}i^A}{\mathrm{d}i^B}>0$。该式说明对于一个管理层参与人而言，他的最优反应函数是单调递增的。

同样对式（4.17）求导可得：

$$\frac{1}{6}R_{AA}(i_i^A,\ 0)+\frac{1}{3}R_{AA}(i_1^A,\ i_2^B)+\frac{1}{6}R_{AB}(i_1^A,\ i_2^B)\cdot\frac{\mathrm{d}i_2^B}{\mathrm{d}i_1^A}=1$$

即：$\frac{\mathrm{d}i_1^A}{\mathrm{d}i_2^B}=-\frac{2R_{AB}(i_1^A,\ i_2^B)}{R_{AA}(i_1^A,\ 0)+2R_{AA}(i_1^A,\ i_2^B)}$，因为 $R_{AB}(\cdot)>0$ 而 R_{AA}

$(\cdot)<0$，所以 $\frac{\mathrm{d}i_1^A}{\mathrm{d}i_2^B}>0$，这说明在有两个管理层参与人的情况下，第1个参与人的反应函数也是单调递增的。

若 i_i^{A*} 和 i_i^{B*} 是满足式（4.17）的均衡解，根据上述性质有：

$$\frac{1}{6}R_A(i_1^{A*},\ 0)+\frac{1}{3}R_A(i_1^{A*},\ i_2^{B*})=$$

$$1<\frac{1}{6}R_A(i_1^{A*},\ i_2^{B*})+\frac{1}{3}R_A(i_1^{A*},\ i_2^{B*})=\frac{1}{2}R_A(i_1^{A*},\ i_2^{B*})$$

如果这时把两个参与人对两个工作的投资看作1个参与人对两个工作的投资，则其均衡解应该满足 $\frac{1}{2}R_A(i^{A*},\ i^{B*})=1$，而这时 $\frac{1}{2}R_A$ $(i_1^{A*},\ i_2^{B*})$，根据 $R_{AA}(\cdot)<0$，在考虑 $i_2^{A*}=i^{B*}$ 的情况下，应该有 $i^{A*}>i_1^{B*}$，即一个参与人情况下对工作 A 的均衡投资水平要大于两个参与人情况下对工作 A 的投资水平。

同理可证得：一个参与人情况下对工作 B 的均衡投资水平要大于两个参与人情况下对工作 B 的投资水平。

所以，当管理层参与人的专用型投资对于控制权收益的获取而言是互补的时候，如果存在两个管理层参与人，则每个任务上的专用型投资水平将会低于只有一个参与人的情况。

由此可得如下命题：

命题 5：当管理层参与人的专用型投资对于控制权收益的获取而言是互补的时候，大股东的最优决策是仅让一个管理层成员参与获取控制权收益的活动，均衡时大股东和管理层获得的控制权收益均为 $\frac{1}{2}$ $[R(i^{A*}, i^{B*}) - R(0)]$，这里的 i^{A*} 和 i^{B*} 满足 $\frac{1}{2}R_A(i^{A*}, i^{B*}) = 1$ 以及 $\frac{1}{2}R_B(i^{A*}, i^{B*}) = 1$。

（五）一个算例

假设 $R(i)$ 的函数形式为：$R(i) = i^b/b$，其中 $i \geq 0$，$b \in (0, 1)$。这时的 $R(i)$ 是满足假设的严格凹函数。若令 $b = 0.5$，则 $R(i) = 2i^{0.5}$，且当 $i = 0$ 时，$R(i) = 0$。

1）在第（1）种情况下：完全替代的管理层专用型人力资本投资

解 $R'(i_H) = 2$ 得到 $i_H = 0.25$，此时 $R(i_H) = 2 * 0.25^{0.5} = 1$，所以当大股东做出最优决策并取得均衡时，唯一的一个管理层参与人的投资水平为 0.25，这时大股东和管理层分别获得 0.5 的控制权收益。

2）在第（2）种情况下：可加的管理层专用型人力资本投资

因 $R'''(i) = 0.75 * i^{-2.5} > 0$，所以 $R''(i)$ 是单调的，n 个参与人的总的均衡投资水平 $ni^*(n)$ 随着 n 的增加而增加，均衡时，$i^*(n)$ 满足 $\sum\limits_{j=1}^{n} \frac{j}{n(n+1)}[ji^*(n)]^{-0.5} = 1$，可解得：$i^*(n) = \left[\dfrac{1 + 2^{0.5} + \cdots + N^{0.5}}{n(n+1)}\right]^2$，这时每个管理层参与人获得的控制权收益是

$$\sum\limits_{j=1}^{n} \frac{j}{n(n+1)}\left[2[ji^*(n)]^{0.5} - 2[(j-1)i^*(n)]^{0.5}\right] = \frac{2}{n(n+1)}(i^*(n))^{0.5}$$

$[n^{1.5} - (1 + 2^{0.5} + \cdots, + (n-1)^{0.5})]$；大股东获得的控制权收益是

$$\frac{2}{n(n+1)}[(i^*(n))^{0.5} + (2i^*(n))^{0.5} + \cdots, + ((n-1)i^*(n))^{0.5} +$$

$$(ni^*(n))^{0.5}] = \frac{2(1 + 2^{0.5} + \cdots, + n^{0.5})^2}{n(n+1)^2}。$$

令 $n = 2$，则可解得：$i^*(2) = 0.1619$，两个参与人的总投资水平是 0.3238。这时，每个管理层参与人获得的控制权收益是 0.2452，大股东获得的控制权收益是 0.6476。

令 $n = 3$，则可解得：$i^*(3) = 0.1194$，三个参与人的总投资水平是 0.3582，这时，每个管理层参与人获得的控制权收益是 0.1602，大股东获得的控制权收益是 0.7163。

用 Matlab 测算得到，当 $n = 11560$ 时，$i^*(11560) = 3.8445 \times 10^{-5}$，11560 个参与人的总投资水平是 0.4444，此时每个管理层参与人获得的控制权收益是 3.8438×10^{-5}，大股东取得控制权收益的最大值是 0.8889。当 n 再增加时，$i^*(n)$ 进一步减小，每个管理层参与人获得的控制权收益也进一步减小，但他们总的投资水平仍然维持在 0.4444 的水平，大股东获得的控制权收益也仍然为 0.8889。

3）在第（3）种情况下：互补的管理层专用型人力资本投资

假设对于一个管理层而言，他在工作 A 和 B 上的产出是对称的，即 $R(i_A) = 2i_A^{0.5}$，$R(i_B) = 2i_B^{0.5}$，且 $R(i^A, i_B) = R(i^A) + R(i^B)$，当取得均衡时，解 $\frac{1}{2}R_A(i^{A*}, i^{B*}) = 1$ 以及 $\frac{1}{2}R_B(i^{A*}, i^{B*}) = 1$，得到管理层的投资水平为：$i^{A*} = 0.25$，$i^{B*} = 0.25$，这时产生的总的控制权收益是：$R(i^A, i^B) = 2 * 2 * 0.25^{0.5} = 2$，大股东和管理层分别获得的控制权收益是 1。

上述算例检验了前述理论分析得到的结论，即在第（1）和（3）两种情况下，大股东的最优决策都是将控制权配置给唯一的一位投资水平最高的管理层，在第（2）种情况下，大股东获得最大控制权收益时的管理层参与人数量大于1，但是将 3 种情况比较来看，大股东在第（3）种情况下获得的控制权收益最大，此时管理层的总投资水平也最高，管理层获得的控制权收益也最高，受到的激励也最大，因此，理性大股东的最优选择是第（3）种情况下的控制权配置决策，即将控制权配置给投资水平最高的唯一一位管理层（"一把手"）。

三　实例分析

中国企业"一把手"权力集中现象首先突出地表现在国有企业。

通常认为这与国有企业的性质和地位有关，作为公有制经济的主导力量，国有企业属于全民所有，主要集中在关系国家安全、国民经济命脉和国计民生的重要行业和关键领域。国家对国有企业的管理，首先就体现在重要人事的选拔、任免上，国企高管通常与政府官员一样，有着明确的行政级别，其选拔、任命方式也与政府官员相同，且与政府官员岗位之间可以相互流动。以央企为例，有53家比如中核工业、中航工业、国家电网、中石油等重要的涉及航天军工、石油石化、民航、航运、电信、煤炭、电网电力、粮食以及一些支柱产业和高新技术产业的重要骨干企业的"一把手"由中组部直接通过相应的流程选拔并任命，其职级为副部级，而且其中部分企业的"一把手"还是中央委员，这就帮助树立了这些一把手在企业内的至高权威，是国有企业"一把手"权力集中的重要原因。其他央企或地方国有企业的机制与上述情况类似。从本书给出的控制权收益的视角来分析，这样的控制权配置方式也是所有者或所有者代理人（政府）让"一把手"参与获取并分享控制权收益的最优决策。只是这时国家为大股东，控制权收益不再是简单的经济利益，不是前述的一般企业作为大股东时通过关联交易等方式实现的资产转移等收益，而是政府作为所有者代理人为全体所有者即全体国民谋取的共同利益，主要体现在国有企业实现的社会职能上，包括实施国家战略、提供就业岗位、维护社会稳定、调节收入分配、增强创新能力、维护市场秩序等。这些职能必然需要在企业经营管理过程中来实现，且与企业的经济职能相协调，而国企"一把手"通过前述行政化的过程被授予最高权威后，才可以在社会职能实现过程中确保与所有者代理人及大股东保持一致，使企业的社会职能得到最好的实现。这是政府作为国企大股东代理人的必然要求，也是政府的职责所在，同时可以看作政府与其他非大股东相比所得到的经济利益之外的"额外收益"，符合前述对控制权收益概念的理解。比如为响应国家的"一带一路"倡议，中石化成为最早在"一带一路"沿线地区开展投资合作的中国企业之一，在"一带一路"沿线10个国家从事油气勘探开发业务，拥有或参与17个油气资源投资项目，总投资240亿美元。在炼油化工领域，该公司在沿线5

个国家从事炼化仓储业务，参与 5 个下游合资项目，总投资 40 亿美元。另外，到 2015 年，中石化向"一带一路"沿线 22 个国家提供石油工程技术服务，5 年间累计签订服务合同 800 个，合同额约 120 亿美元。中石化还与"一带一路"沿线 20 个国家开展原油贸易合作，年均进口原油超过 1 亿吨，年均进口额约 700 亿美元。这些重大的企业战略投资和经营，必然需要企业管理层尤其是"一把手"的高度重视和快速实施，而中石化的"一把手"不仅有丰富的石油系统工作经验的专家、院士，还有担任过地方政府首长的正部级官员。政府选任这样的官员来执掌中石化，对企业更好实施"一带一路"等规划更加有利。当然对国企"一把手"权力集中现象也产生了一些争议，比如由此带来的贪腐问题等，但总体来看，瑕不掩瑜，正如 Jiang 等[①]所指出的，经验研究发现政府并没有从国有企业运营中攫取私有收益，国有企业主要是用以实现政治和社会目标如就业问题等的重要途径。因此国有企业"一把手"权力集中是政府掌握国有企业控制权的最优配置决策。

非国有企业尤其是家族企业的"一把手"权力集中现象在中国同样很显著。在很多案例中，企业的创始人即大股东代表兼任企业高管，即董事长兼任总经理，这就造成了大股东与"一把手"的实质统一和权力高度集中；在其他一些情况下，大股东通过雇用家族成员或者亲信，也能确保高管的权力集中且与大股东保持高度一致。家族企业的这些做法，都使得大股东与"一把手"通过合作获取控制权收益相对容易，给大股东通过这种方式侵害中小股东利益提供了方便，而且其中最常用的方式就是通过关联交易来获取控制权收益。以媒体多次披露的康美药业为例，这是一家在上海证券交易所上市的主要从事中药饮片、化学药品等的生产与销售以及中药材贸易的企业，其控股股东是康美实业有限公司，法人代表是康美实业的创始人，同时兼任康美药业的总经理。通过这种方式，该总经理实际控制了康美药业，

---

① Jiang, F., and K. A. Kim, "Corporate Governance in China: A modern Perspective", *Journal of Corporate Finance*, Vol. 32, No. 6, 2015, pp. 190-216.

这就给了他作为大股东通过关联交易等方式获取控制权收益的便利。例如，媒体披露康美药业隐瞒了与其副董事长名下公司普宁市汇润地产开发有限公司之间的关联交易，汇润地产在普宁当地开发的一些地产项目用地源自康美药业，但康美药业未披露土地变更的关联交易事项，在公开信息中也从未提过汇润地产。不仅如此，还出现了这样的情况：汇润地产开发的房地产项目已销售完毕，康美药业仍将项目所在的土地列入其无形资产中。汇润地产作为康美药业的关联公司，其与康美药业之间的土地权属变更事宜本应恰当披露，但康美药业的隐瞒，有转移公司利益的可能，也因此可能损害企业其他非控制性股东的利益。这样的案例不胜枚举，也是很多家族企业在不断发展成熟、公司治理机制不断完善的过程中的常见现象。

第四节　本章小结

本章提出了高管控制权收益的概念，分析了高管控制权及控制权收益的产生，并从高管控制权收益的组成和性质的角度分析了为什么可以把高管控制权收益看作高管通过关系契约获得的高管激励的一种。随后，本章用一个合作博弈模型，从控制权收益视角，对企业"一把手"权力集中的现象进行了新的解释。本书认为大股东和管理层通过合作博弈共同获取并分享了控制权收益，而在这个合作博弈中，大股东的最优决策就是将企业的控制权配置给专用型人力资本投资水平最高的唯一一位管理层，这就是造成企业"一把手"权力高度集中的重要原因。本书在分析中将管理层的专用型人力资本投资的类型分为三种，即投资是可替代的、可加的和互补的，合作博弈理论模型分析结果显示，当投资是可替代和互补的时候，大股东的最优决策都是选择唯一一个投资水平最高的管理层成员参与其中，当投资是可加的时候，大股东获得最大收益时的管理层参与人数量大于1。但是，进一步的算例检验证明，在三种情况下，当投资是互补的时候，大股东获得的控制权收益最大，管理层个体和总的投资水平最高，管理层获得的控制权收益也最高，受到的激励也最大，因此，理性大股东的最优决策就是将控制权配置给投资水平最高的唯一一位管理层（"一把手"）。随后，本书用案例对企业"一把手"权力集中现象进一步进行了阐释，无论是国有企业还是家族企业，"一把手"权力集中的现象都十分显著。实践表明，这正是企业大股东与管理层合作获取控制权收益的有效权力配置结果。就国有企业而言，政府通过这种权力配置，加强对国有企业的管理，确保除了经济利益目标以外，国有企业还能和政府一起实现众多社会职能，现实符合前述对控制权收益概念的解释与分析。

本书拓展了对控制权收益的认识，深化了现有文献对"一把手"权力集中现象的认识，同时也丰富了控制权收益问题的相关文献。

第五章　关系契约论经验研究之一：高管的总体贡献及国企与民企再比较

本章将对高管激励关系契约论开展经验检验，同时阐述高管绩效考核中对其总体贡献和可契约绩效的考虑，并对国企和民企的高管激励效率进行再比较，为目前国企改革方案设计提供一定的理论支持和政策建议。

第一节　引言

一直以来，研究者们对高管激励有效性的质疑多于肯定，因为很多经验研究都未能发现高管薪酬水平与企业绩效改善之间的显著相关性。现实中的高管激励真的是低效的吗？本书从高管激励的关系契约论，以及一个拓展的委托代理模型的视角，对这一问题重新进行了分析和检验。与关系契约论的思想一致的是，该拓展的委托代理模型区分了代理人"可契约/可测度的绩效"（contractable/measured performance）与代理人对委托人的"总体贡献"（total contribution），指出只有当代理人可契约的绩效与其总体贡献一致时，才能实现最优激励。随后的经验检验就从高管总体贡献的视角，证实了高管激励的有效性。

当前，中国新一轮国企改革大幕已开启，国企高管将要实行"与企业功能性质相适应、与经营业绩相挂钩"的差异化考核和激励办法。本书基于高管激励的关系契约论和一个拓展的委托代理模型，从理论和经验上对这种改革思路的合理性提供了证据。因此，本书不仅为检验高管激励的有效性提供了一个新的视角，也为当前国企高管激励改革实践提供了理论和经验支持。另外，本书通过应用新的工具变量外生性检验方法实现了动态广义矩估计法在微观面板数据上的更成熟应用。

第二节　一个拓展的委托代理模型

根据第三章的讨论，基于对"最优契约论"实证检验的反思，本书在关系契约理论基础上提出的高管激励的"关系契约论"的核心是将高管激励契约看作正式激励契约和关系激励契约的结合，那些基于可观测的绩效指标而签订的薪酬契约就是正式激励契约，而那些基于不可观测的绩效指标或者不易被第三方证实的激励形式，而只是由所有者和高管之间通过有形或无形的契约达成一致，使高管获得激励的契约均可看作关系激励契约。Gibbons[1][2] 的分析也类似，通常所说的代理人激励扭曲或无效的主要原因在于根据经典委托代理模型设定的激励契约总是寻求建立简单的、量化的指标来测量代理人绩效，且往往对少数客观绩效指标过度"迷恋"，大多数经验检验也因为只关注了少数的客观绩效指标，所以难以发现激励有效的证据。他随后给出了一个拓展的委托代理模型，在其中将这种被过度关注的"可契约/可测度的绩效"与代理人对委托人的"总体贡献"（total contribution）区分开来。本书认为该模型是对关系契约论的一个恰当的形式化，因此将借鉴该模型，从总体贡献视角分析高管的关系契约激励和最优激励问题。

委托代理理论讨论的是委托人和代理人目标函数不一致情况下的最优激励问题。传统的委托代理模型强调代理人的行动（努力水平）

---

① Gibbons, R., "Incentives between Firms (And within)", *Management Science*, Vol. 51, No. 1, 2005, pp. 2 – 17.

② Gibbons, R., and J. Roberts, *Handbook of Organizational Economics.* Princeton：Princeton University Press, 2013, p. 1248.

不可观测，但是代理人的行动与自然状态一起决定了一个可观测的产出 p，只要满足单调似然比的要求，委托人基于 p 的水平来决定代理人的激励水平就可以实现最优激励，即产出水平 p 越高，就应该给予代理人越高的激励水平。传统的委托代理模型高度凝练了现实问题，得到了经典的理论结果，但是它强调的是代理人行动的不可观察性，却忽视了一个事实，即现实中代理人努力水平所导致的与委托人利益一致的产出也不完全可观测（即契约的不完全性）。比如通常企业的产量、利润等量化指标确实为企业所有者即委托人关心，也容易观测，但企业的创新能力、长期发展能力等也是委托人关心的，这方面的绩效同样可以增加委托人收益，尤其是长期收益，但是它们较难观测或难以用量化指标来表征。在国企情境中，比如当前国企改革提出的对"服务国家战略、保障国家安全和国民经济运行、发展前瞻性战略性产业以及完成特殊任务的考核"，对"产品服务质量和保障能力"等的考核，就难以用简单的量化指标实现。Gibbons 指出，基于传统委托代理模型的代理人激励通常只关注一些简单的、可量化的产出指标，却忽略了上述难以量化或难以客观考核的产出，这正是激励扭曲的重要原因之一。正是基于对传统委托代理理论这一缺陷的认识，Gibbons 的拓展的委托代理模型区分了代理人对委托人的总体贡献（y）和可契约的产出（p），这里代理人的总体贡献（y）就是指所有与委托人利益一致的绩效（即能够准确反映委托人所希望高管付出的努力水平的指标），包括那些不易观测到的产出，但是它无法全面测度并形成基于它的激励契约。现实中能观察到的激励契约仍然主要基于一部分量化的产量或利润的绩效指标（p）（即"可契约绩效"）来形成和执行。代理人因此受到激励去努力增加 p，但委托人实际希望的其实是 y 的增加，即除了 p 之外，还有一些不可契约的绩效（noncontractable performance）被忽视了。这种不可契约的绩效在很多其他文献中也被称为"主观绩效"或"隐性绩效"等（Baker et al.，1994）。所以拓展的委托代理模型认为新一代的委托代理模型应该重点关注的是代理人增加 p 的激励和委托人希望增加 y 之间的分歧。拓展的委托代理模型的分析简述如下：

用 p 表示可契约的绩效，并假设一个线性激励契约：$w = s + bp$，和传统委托代理模型一样，b 表示代理人获得的奖励占产出的比例，b 越大，代理人受到的激励也越大。a 是代理人采取的行动，他的总体贡献可以表示为 $y = a + \varepsilon$，而 $p = a + \varphi$（ε 和 φ 是噪声项）。假设代理人有两种行动：a_1 和 a_2，如果 $y = a_1 + a_2 + \varepsilon$，$p = a_1 + \varphi$，那么基于 p 的激励契约就不能对 a_2 产生激励，因此也就会忽略代理人通过 a_2 对 y 和对委托人产生的潜在贡献，即忽略了不可契约的绩效；极端情况下，可能会有 $y = a_1 + \varepsilon$，而 $p = a_2 + \varphi$，这时的激励契约就完全无效。从这个模型可以看出，如果只是关注 p，并不能准确衡量代理人对委托人的总体贡献，仅基于 p 的水平来确定给予代理人的激励水平也就无法使代理人行动与委托人的利益完全一致，即无法实现有效激励。换言之，如果要真正激励代理人按照委托人的利益去行动，应该将代理人的激励水平与 y 联系起来，而不能仅仅基于 p 的水平。因此拓展的委托代理模型这样来解释最优激励问题：

假设代理人的总体贡献函数是：$y = f_1 a_1 + f_2 a_2 + \varepsilon$，可契约的产出是 $p = g_1 a_1 + g_2 a_2 + \varphi$，这时委托人的支付是 $y - w$，代理人的支付是 $w - c(a_1, a_2)$，这里函数 c 是代理人的成本，假设 $c(a_1, a_2) = \frac{1}{2}a_1^2 + \frac{1}{2}a_2^2$。委托人和代理人的行动时序是：首先，委托人和代理人之间签署激励契约 $w = s + bp$；其次，代理人选择行动 a_1 和 a_2，但是委托人观察不到这些选择；最后，噪声项 ε 和 φ 实现，行动和噪声项共同决定了 y 和 p，p 被委托人和代理人观察到，并依此确定代理人的激励水平。假设代理人是风险中性的，他会选择行动 a_1 和 a_2 以最大化期望支付 $E(w) - c(a_1, a_2)$，根据一阶条件可得：代理人的最优决策是 $a_1^*(b) = g_1 b$ 和 $a_2^*(b) = g_2 b$。这时委托人的期望支付是：

$$E(y - w) = f_1 a_1^*(b) + f_2 a_2^*(b) - s - b[g_1 a_1^*(b) + g_2 a_2^*(b)],$$

代理人的期望支付是：

$$E(w) - c(a_1, a_2) = s + b[g_1 a_1^*(b) + g_2 a_2^*(b)] - \frac{1}{2}a_1^*(b)^2 - \frac{1}{2}a_2^*(b)^2,$$

因此总剩余是：

$$E(y) - c(a_1, a_2) = f_1 a_1^*(b) + f_2 a_2^*(b) - \frac{1}{2} a_1^*(b)^2 - \frac{1}{2} a_2^*(b)^2,$$

根据一阶条件求得当 $b^* = \dfrac{f_1 g_1 + f_2 g_2}{g_1^2 + g_2^2} = \dfrac{\|f\|}{\|g\|} \cos(\theta)$ 时，总剩余取得最大值。

拓展的委托代理模型理论分析结果的含义是：最优激励应该使可契约的产出与总体贡献尽量保持一致；换言之，只有当激励契约不仅考虑可契约的产出，还依据代理人的总体贡献确定激励水平时，才能实现最优激励。

拓展的委托代理模型的这一分析解释了为什么大量的经验证据未能发现高管薪酬与企业绩效之间的显著相关性，其主要原因就在于现实中高管激励契约对部分可契约绩效指标过度关注，这就使得大多数经验研究也因所获数据限制，检验的仅仅是可契约的产出与高管薪酬之间的关系，而不是高管的"总体贡献"与高管薪酬是否显著相关，所以难以发现高管激励有效的证据。对于经营目标多元化的企业尤其是国有企业而言[1]，高管的努力水平一定会引起企业一些不可契约的绩效的改善，这些绩效也是企业经营成功与否尤其是有利于企业长期发展的重要方面，这些绩效之所以"不可契约"即无法写入通常的正式激励契约，是因为对其的判断通常较主观，或存在绩效滞后问题，或难以用量化指标进行测度等。但是，要真正提高高管激励效率，使高管的努力水平与企业所有者期望的一致，就应该将这一部分不可契约的绩效也纳入激励水平的决定因素中来。同理，判断高管激励是否有效，不仅要关注可契约绩效是否改善与高管薪酬的关系，还要看高管薪酬是否对高管的总体贡献中那些不可契约的产出进行了激励。比如企业注重技术创新能力的提升，就需要更全面地评价高管业绩，这

---

① 黄再胜、王玉：《公平偏好、薪酬管制与国企高管激励——一种基于行为合约理论的分析》，《财经研究》2009 年第 1 期。

与徐宁等提到的研究高管激励与技术创新问题时的系统整合观是一致的①。因此，观察不到可契约绩效与高管薪酬之间的显著相关性，并不必然表明高管激励就是无效的，要真正判断高管激励的有效性，就应该考察现实中的企业是否是基于高管的总体贡献来确定其激励水平。从这个新的角度来思考，现实中的高管激励会是有效的吗？本书就针对中国企业，尤其是国有企业和民营企业的比较视角，采用上市公司数据对这一问题进行了检验。

第三节　经验检验

一　假设、理论模型与方法

如上所述，根据高管激励的关系契约论，有效高管激励应该基于其总体贡献，或者不仅要激励高管那些增加可契约产出的努力，也要激励高管作用于不可契约的绩效的努力。如果高管激励是有效的，就应该能够验证除了可契约绩效外，高管薪酬的一部分还用于激励其在不可契约的绩效改善上的努力。Hayes 和 Schaefer② 曾提出可以通过检验当期薪酬与企业未来绩效之间的关系来判断当期高管薪酬是否激励了那些高管在隐性绩效上的努力，其思路是，在排除当期可观察绩效的影响之后，检验当期高管薪酬与企业未来绩效的相关性，这一方法后来在很多主流文献中得到了应用③。本书要检验的是所有者是否对高管在不可契约的绩效改善上的努力水平进行了激励，如果答案是肯定的，则说明高管激励就是基于其对企业的总体贡献，就能部分证实

---

① 徐宁、王帅：《高管激励与技术创新关系研究前沿探析与未来展望》，《外国经济与管理》2013 年第 6 期。

② Hayes, R. M., and S. Schaefer, "Implicit Contracts and the Explanatory Power of Top Executive Compensation for Future Performance", *The Rand Journal of Economics*, Vol. 31, No. 2, 2000, pp. 273 – 293.

③ Banker, R. D., M. N. Darrough, R. Huang, and J. M. Plehn – Dujowich et al., "The relation between CEO compensation and past performance", *The Accounting Review*, Vol. 88, No. 1, 2012, pp. 1 – 30.

高管激励的有效性。本书借鉴上述思路并进行了计量方法上的重要改进，用中国上市公司数据进行了检验。其假设 1 拟定为：

假设 5.1：在排除可契约绩效影响后，当期高管薪酬与企业未来绩效存在显著正相关关系，即高管薪酬决定于其总体贡献

检验的理论模型为：

$$P_t = \alpha_0 + \alpha_1 W_{t-1} + \alpha_2 P_{t-1} + \eta$$

其中 t 表示第 t 年，P_t 表示第 t 期的可契约绩效，W_t 表示第 t 期的薪酬水平，η 是随机误差项。若假设 5.1 成立，则 W_{t-1} 的系数 α_1 应为正，即排除可契约绩效的影响后，高管薪酬中由不可契约的绩效决定的那部分薪酬应与企业未来绩效呈正相关关系；换言之，在高管薪酬中包含其对不可契约的绩效指标改善的激励，而且这种激励的效果主要通过企业未来绩效的改善来体现。这与现实的观察是一致的，因为那些不可契约的绩效如企业的创新能力、管理能力、社会效应等，往往不能在当期为企业创造价值，通常会在未来才能体现。

另外，已有很多研究关注了中国不同所有权性质的企业治理状况不同，高管薪酬制度也不尽相同[1]，那么它们在考虑高管的总体贡献问题上是否也有差异呢？刘星等[2]发现，政府对国有企业的管制降低了高管薪酬业绩敏感性，但政府对国有企业施加的影响不仅仅是薪酬等的管制，也有多元化经营目标特别是非经济目标的要求，这种要求会使得国有企业比非国有企业的高管更加关注一些非量化的绩效指标。另外，行业特征也会对公司治理产生重要影响[3]，不同行业会因为不同行业特征在高管激励实践中对不可契约的绩效有不同的重视程度。为了验证这些分析，探究现实中不同产权性质和不同行业的企业高管激励制度的差异，本书还将进一步检验以下两个假设：

---

① 宋浩、王伟：《国有控股、高管薪酬和超额雇员》，《经济学动态》2012 年第 1 期。

② 刘星、徐光伟：《政府管制、管理层权力与国企高管薪酬刚性》，《经济科学》2012 年第 1 期。

③ 鲁桐、党印：《公司治理与技术创新：分行业比较》，《经济研究》2014 年第 6 期。

假设 5.2：国有、民营企业在高管激励中对其总体贡献的关注存在显著差异

假设 5.3：不同行业的企业在高管激励中对其总体贡献的关注存在显著差异

对于上述模型的检验，针对其在解释变量中存在滞后因变量的情况，其内生性问题显而易见，Hayes 等采用的是一阶差分最小二乘法（FDOLS），但这还不是最可靠的方法，因为差分后的自变量依然可能存在内生性问题，没有得到很好的解决。随着近年来计量方法的不断发展，对这种涉及滞后因变量的动态面板数据，已经有了广义矩估计法（GMM，又叫差分广义矩估计法）作为其主要解决方案[①]，而且在广义矩估计法（GMM）基础上又发展出了系统广义矩估计法（sys - GMM)[②]，这两种估计法都专用于动态的小"T"大"N"型面板数据，这种面板数据的特点是除了解释变量中有滞后的因变量外，还可能有其他自变量不是严格外生的，而且模型可能包含了个体效应，特异型误差项也可能存在异方差问题以及自相关问题。本书的微观面板数据正具有这些特征。现在，借助计量软件如 Stata 的帮助，用广义矩估计法已经能较好地解决上述问题。Roodman[③] 对这一方法进行了说明，本书就在 Stata 中使用 xtabond2 命令使用系统广义矩估计法估计了上述模型。

二　样本、变量与计量模型

本书在国泰安数据库（CSMAR）中选取了除金融行业和被 ST 的企业外的中国 A 股上市公司作为研究对象。所采用的数据是从 2004 年到 2014 年共计 11 年的面板数据，之所以选择从 2004 年开始分析，是因为 2004 年中央提出了对央企高管薪酬的管理规定，自此以后的

---

① 夏冠军、于研：《高管薪酬契约对公司投资行为的影响——基于证券市场非有效视角的分析》，《财经研究》2012 年第 6 期。

② Arellano, M., and O. Bover, "Another look at the instrumental variable estimation of error - components models", *Journal of Econometrics*, Vol. 68, No. 1, 1995, pp. 29 - 51.

③ Roodman, D., "How to Do xtabond2: An Introduction to 'Difference' and 'System' GMM in Stata", *Stata Journal*, Vol. 9, No. 1, 2009, pp. 86 - 136.

薪酬数据披露相对比较完善。

在选取代理变量时，对于可契约的绩效 P_t，根据现实中央企等大多数企业在高管绩效考核中的常见做法，主要用企业的会计绩效指标净资产收益率（ROE）来表征，并用市场绩效托宾 Q 值（TOBQ）作为绩效的控制变量，在其他常见控制变量如企业规模、行业特征的使用上，因本书采用的动态面板数据分析方法本身就会消除那些影响未来绩效与当期薪酬之间关系的一部分不随时间变化，但随着公司的不同而变化的不可观测因素，即个体固定效应的影响，因此其他控制变量只选取了最主要的企业规模指标，并用年度营业总收入 Sales 表征的规模，这与 Banker 等的措施一致。模型还考虑了绩效的滞后效应，在模型中加入了绩效指标的滞后值。为了进行稳健性检验，除了上述净资产收益率、托宾 Q 值外，根据大多数企业的实际做法，本书还收集了表征市场绩效的每股收益指标（EPS）和表征发展能力的指标资本保值增值率（MIR）作为绩效控制变量的替代指标。对于高管薪酬 W_t，本书使用了高管前三名薪酬总额（COMP）作为薪酬水平的指标，另外在稳健性检验中还使用了董事、监事及高管前三名薪酬总额（TCOMP）水平。本文对薪酬和营业收入数据按照 2004 年不变价格进行了调整，并取了对数进入模型。另外，为了检验假设 5.2 和 5.3，即行业特征和所有制属性对假设 1 的影响，本书还收集了企业的行业分类信息和按照最终控制人性质决定的所有制属性信息。根据国泰安数据库的分类标准，将所有样本企业分为公用事业、房地产、综合、工业、商业 5 个类别，用变量 IND 表征。根据最终控制人性质的不同，设变量 CONTR，分别取值 0 和 1 表示国有企业和非国有企业两种类型。

根据上述变量设定，最后本书采用的基本计量模型如下：

$$ROE_{i,t} = \alpha_0 + \alpha_1 ROE_{i,t-1} + \alpha_2 ROE_{i,t-2} + \alpha_3 ROE_{i,t-3} + \alpha_4 ROE_{i,t-4} + \alpha_5 TOBQ_{i,t-1} + \alpha_6 TOBQ_{i,t-2} + \alpha_7 \ln COMP_{i,t-1} + \alpha_8 \ln SALES_{i,t} + \varepsilon_{it} \qquad (5.1)$$

其中 i 代表第 i 个企业，t 表示第 t 年，ε_{it} 为误差项。

在检验假设 5.2 和 5.3 时，则分别针对各行业和各所有制属性的子样本进行了上述回归分析。

对 1% 的异常值用 Winsor 命令进行了剔除后，整理后的样本数据描述性统计如表 5.1 所示。

表 5.1　　　　　　　　　　　变量描述性统计

变量	符号	观测数	均值	标准差	最小值	最大值
高管前三名薪酬总额	ln$COMP$	19924	13.58	0.79	10.94	15.80
董事、监事及高管前三名薪酬总额	ln$TCOMP$	18678	13.72	0.75	11.74	15.66
年度营业总收入	ln$Sales$	20027	20.84	1.49	15.97	25.09
净资产收益率	ROE	20053	0.06	0.20	-2.77	1.49
托宾 Q 值	$TOBQ$	19518	1.89	1.72	0.14	13.30
资本保值增值率	MIR	18687	1.17	0.60	-1.15	9.01
每股收益	EPS	16155	0.36	0.46	-1.36	2.30

另外，代表行业的变量 IND 和代表最终控制人性质的变量 $CONTR$ 的统计情况即企业分类情况显示如表 5.2。

表 5.2　　　　　　　　　　　企业分类情况

变量	符号	变量值	所代表行业/所有制属性	企业数（个）
行业	IND	2	公共事业	366
		3	房地产	183
		4	综合	83
		5	工业	1917
		6	商业	163
所有制属性	$CONTR$	0	国有企业	929
		1	非国有企业	723

表 5.3 是变量的相关系数矩阵：

值得注意的是，基本每股收益 EPS 与净资产收益率 ROE 之间的相关系数达到了 0.58，说明它们之间存在强相关关系，不适于将其同时放入模型的自变量中。因此，主要检验模型和稳健性检验对于市场绩效指标均只采用托宾 Q 值 TOBQ 进行分析。

表5.3 　　　　　　　　　　　　变量相关系数矩阵

变量	*ROE*	*TOBQ*	*MIR*	*EPS*	ln*COM*	ln*TCOMP*	ln*Sales*
ROE	1.00						
TOBQ	0.14	1.00					
MIR	0.20	0.04	1.00				
EPS	0.58	0.10	0.23	1.00			
ln*COMP*	0.23	-0.14	0.03	0.38	1.00		
ln*TCOMP*	0.24	-0.14	0.03	0.38	0.97	1.00	
ln*Sales*	0.16	-0.46	0.04	0.29	0.44	0.45	1.00

三　过程与结论

（一）对假设5.1的检验

如前所述，本书采用的是针对动态面板数据的系统广义矩估计法（sys – GMM），这个方法是在基础的一阶差分法和差分广义矩估计法（diff – GMM）的基础上发展起来的。最基本的一阶差分法虽然去除了不可观测的个体效应的影响，但是对于那些不是严格外生的变量而言，其差分值和误差项的差分值仍然可能相关，差分后的估计模型的内生性问题依然存在。差分广义矩估计法（diff – GMM）则用不是严格外生变量的所有水平值作为其差分值的工具变量代入模型进行估计，比基础的一阶差分法更可靠。但是，差分广义矩估计法（diff – GMM）的问题是，如果变量接近于随机游走，滞后的水平值仍然是一阶差分值的弱工具变量。因此系统广义矩估计法（sys – GMM）提出在差分方程的基础上，再增加一个水平方程，实施系统的广义矩估计法，以提高估计的效率。这时，变量的适当滞后阶数的水平值作为其一阶差分值的工具变量，而其相应阶数的差分值又作为水平方程的工具变量进入估计模型，因此，系统广义矩估计法（sys – GMM）的关键是工具变量的选取，即滞后阶数的确定，而且应针对不同变量进行不同设置。通过多次尝试，对于滞后的因变量 ROE，本书选择了其滞后 6 到 7 阶的值作为工具变量，对绩效控制变量 $TOBQ$，用其滞后 1 到 2 阶的值作为工具变量，对高管薪酬 $\ln COMP$，则只用滞后 1 阶的值作为工具变量，而控制变量 $\ln Sales$ 在模型中作为外生变量参与估计。另外，对于系统中的差分估计方程，软件 Stata 的 xtabond2 命令的 Mata 版本，可以用向前正交离差变换法替代简单的一阶差分法，也就是差分时不是仅用一个变量的当期值减去它之前的观测值，而是减去其所有未来观察值的平均值，以增强工具变量的有效性。本书就采用了这种方法。同时，系统广义矩估计法（sys – GMM）有一步和两步两种估计法，两步估计更加渐进有效，虽然其报告标准差存在向下偏移问题，但是 xtabond2 命令可以根据 Windmeijer[1] 的研究对两步协方差矩阵进行有限样本纠正，因此本书就采用了两步估计法。

表 5.4 报告了对假设 5.1 进行检验的结果：

表 5.4 　　　　　　　　　　**对假设 5.1 的检验结果**

自变量	因变量 $ROE_{i,t}$					
	检验（1）		检验（2）		检验（3）	
	系数	T 值	系数	T 值	系数	T 值
$ROE_{i,t-1}$	− 0.050	− 0.39	− 0.051	− 0.27	− 0.180	− 1.23
$ROE_{i,t-2}$	0.259 **	2.39	− 0.028	− 0.28	0.199	1.62
$ROE_{i,t-3}$	0.185 **	2.43	0.105 ***	2.51	0.076	0.98
$ROE_{i,t-4}$	− 0.061	− 0.63	− 0.048	− 1.21	− 0.055	− 0.53
$TOBQ_{i,t-1}$	0.014 ***	5.46			0.016 ***	5.74
$TOBQ_{i,t-2}$	0.002	1.26			0.005 **	1.99
$MIR_{i,t-1}$			0.062 *	1.87		
$MIR_{i,t-2}$			0.009	1.52		
$\ln COMP_{i,t-1}$	0.027 **	2.00	0.032 *	1.66		
$\ln TCOMP_{i,t-1}$					0.037 **	2.38

① Windmeijer, F., "A Finite Sample Correction for the Variance of Linear Efficient Two – step GMM Estimators", *Journal of Econometrics*, Vol. 126, No. 1, 2005, pp. 25 – 51.

续表

自变量		因变量 $ROE_{i,t}$					
		检验（1）		检验（2）		检验（3）	
		系数	T 值	系数	T 值	系数	T 值
$\ln Sales_{i,t}$		0.013***	3.34	0.007**	2.12	0.018***	4.72
Constant		−0.631***	−3.88	−0.598***	−2.50	−0.882***	−4.18
工具变量数		37		37		30	
自相关检验	AR（1）	0.103		0.008		0.174	
	AR（2）	0.145		0.381		0.112	
工具变量过度识别检验	Sargan 检验	0.182		0.079		0.110	
	Hansen 检验	0.354		0.102		0.255	
工具变量子集外生性检验	水平方程 Hansen 检验	0.517		0.601		0.516	
	Difference	0.317		0.078		0.216	
	ROE Hansen 检验	0.475		0.268		0.147	
	Difference	0.282		0.101		0.450	
	$TOBQ$ Hansen 检验	0.919		0.301		0.902	
	Difference	0.063	MIR	0.087		0.017	
	$\ln COMP$ Hansen 检验	0.352		0.896		0.174	
	Difference	0.395		0.001	$\ln TCOMP$	0.535	
	$\ln Sales$ Hansen 检验	0.360		0.133		0.238	
	Difference	0.280		0.109		0.399	

注：***、**、*分别表示在1%、5%、10%的水平上显著。

如表5.4所示，为了检验结果的稳健性，本书将基本计量模型（5.1）中的控制变量托宾Q值TOBQ替换为资本保值增值率MIR进行了第2次检验，还将主要解释变量前三名高管薪酬总额换成董事、监事及高管前三名薪酬总额$\ln COMP$进行了第3次检验（此时对绩效控制变量$TOBQ$，仅用了其滞后1阶的值作为工具变量）。3次检验得到的结果基本一致，重点观察的解释变量高管薪酬$\ln COMP$或$\ln TCOMP$的系数都为正（0.027，0.032，0.037）且显著，即在排除可契约绩效影响后，当期高管薪酬与企业未来绩效存在显著正相关关系，说明高管薪酬不仅决定于当期可契约绩效，而且决定于其总体贡献，假设 5.1 得到了验证。另外，其他解释变量的系数性质与 Hayes 等（2000）的结论一致，比如净资产收益率 ROE 表示的会计绩效的滞后一阶的系数为负，用托宾 Q 值表示的市场绩效的滞后一阶的系数为正，用总营业收入 lnSales 表示的当期企业规模的系数为正，等等。

表 5.4 还报告了详细的相关检验，对于本书采用的系统广义矩估计方法，本书首先检验了其自相关性，由于一阶差分方程的使用，其一阶自相关性难以避免，但从表中可以看到，其二阶自相关性检验的 AR（2）的 P 值均大于 10%，说明基本不存在二阶自相关问题。对于两步系统广义矩估计法的工具变量过度识别检验，xtabond2 命令同时报告了 Sargan 统计量和 Hansen J 统计量，Sargan 统计量对有异方差和自相关情况的时候不稳健，而 Hansen J 统计量在两步系统广义矩估计情况下是稳健的，但是 Hansen J 统计量也有它的问题，在工具变量数量增多时，它容易被高度弱化，因此同时报告两个统计量能够比较谨慎地判别其工具变量是否存在过度识别问题，从上表中的数据来看，至少有一个检验的 P 值是大于 10% 的，因此能够通过工具变量过度识别检验。为了减少因为工具变量数过多而弱化了 Hansen J 检验的影响，Roodman[①] 的建议是研究者应该报告工具变量数，而且应该尽量只使用部分滞后阶数的值作为工具变量，或者把工具变量集分成各个小的子集，进行不同设置，以减少工具变量数，同时要报告水平方程的全部工具变量集的 Difference – in – Hansen 统计量，以及差分方程的各工具变量子集的 Difference – in – Hansen 统计量。本书在设置工具变量时正是这样做的，而且也对上述要求的统计量进行了详细报告。如表 5.2 所示，为了详细判断每一组工具的外生性，本书报告了每一组工具变量的 Difference – in – Hansen 统计量，这个统计量检验的是工具变量的子集是不是有效，即检验不包含该工具变量子集情况下的 Hansen J 统计量和把它增加进去以后的 Hansen J 统计量的增加值。从上表报告的数据来看，各工具变量子集的外生性都能通过检验。

---

① Roodman, D., "How to Do xtabond2: An Introduction to 'Difference' and 'System' GMM in Stata", *Stata Journal*, Vol. 9, No. 1, 2009, pp. 86 – 136.

（二）对假设 5.2、5.3 的检验

随后，为了检验假设 5.2，即高管激励对其总体贡献的考虑在国有、非国有企业之间是否存在显著差异，本书将全样本分为两个子样本，其中一个是最终控制人性质为政府、国有企业、国有机构的国有企业样本，包含 929 个企业；另一个是最终控制人为民营机构的企业样本，包含 723 个企业。分别采用系统广义矩估计法进行了回归分析，得到结果如表 5.5 所示：

从表 5.5 的结果可以看到，无论是国有企业还是民营企业，当期薪酬与未来绩效之间的正相关关系都得到了验证，但区别是国有企业的这种正相关关系是显著的，而非国有企业的不显著，且国有企业当期薪酬与未来绩效之间的正相关系数比非国有企业的系数要大（前者为 0.0325，后者为 0.006），这说明在国有企业中，不可契约绩效指标在高管激励决策中发挥了更大作用，或者说明国有企业更加重视对高管总体贡献的考察；从另一个角度讲，也就是可契约绩效指标在国有企业中反映其高管薪酬水平的敏感性和准确度更低，这与其他研究者发现受政府控制越强的企业其绩效敏感性越低的结论一致[1]。因此，不可契约绩效指标对未来绩效的影响在国有企业中表现更明显，换言之，国有企业更倾向于使用不可契约绩效或者高管的总体贡献来决定高管薪酬，这与夏宁等[2]的发现也是一致的，即国有企业更愿意为企业的成长性等指标对高管进行激励。

为了检验假设 5.3，即行业性质对企业高管激励的差异的影响，本章将样本按照行业不同分为 5 个子样本分别进行了回归，这 5 个行业分别是：公用事业、房地产、综合、工业、商业。其回归结果及各个检验结果如表 5.6 所示。

从上表结果可以看到，公用事业、综合、工业的回归结果显示，其当期薪酬与未来绩效之间的相关系数的估计值为正，分别为 0.022、

---

[1]　赵卫斌、陈志斌：《政府控制与企业高管人员薪酬绩效敏感度》，《管理学报》2012 年第 2 期。

[2]　夏宁、董艳：《高管薪酬、员工薪酬与公司的成长性——基于中国中小上市公司的经验数据》，《会计研究》2014 年第 9 期。

表 5.5   国有、非国有企业差异分析

自变量		检验4—国有企业		检验5—非国有企业	
		系数	T 值	系数	T 值
$ROE_{i,t-1}$		0.056	0.31	0.114	0.76
$ROE_{i,t-2}$		0.038	0.32	0.159	1.32
$ROE_{i,t-3}$		0.194***	3.13	0.246***	2.85
$ROE_{i,t-4}$		−0.073	−0.98	−0.066	−1.01
$TOBQ_{i,t-1}$		0.008***	2.63	0.007	1.16
$TOBQ_{i,t-2}$		0.009***	3.62	0.003	1.13
$\ln COMP_{i,t-1}$		0.0325*	1.69	0.006	0.47
$\ln Sales_{i,t}$		0.011***	2.58	0.022***	3.86
Constant		−0.665***	−2.96	−0.532***	−2.54
工具变量数（个）		44		38	
自相关检验	AR（1）	0.031		0.048	
	AR（2）	0.393		0.763	
工具变量过度识别检验	Sargan 检验	0.005		0.652	
	Hansen 检验	0.035		0.299	
工具变量子集外生性检验	水平方程	Hansen 检验	0.312		0.263
		Difference	0.034		0.089
	ROE	Hansen 检验	0.018		0.348
		Difference	0.390		0.296
	TOBQ	Hansen 检验	0.408		0.592
		Difference	0.008		0.151
	lnCOMP	Hansen 检验	0.027		0.419
		Difference	0.290		0.255
	lnSales	Hansen 检验	0.038		0.414
		Difference	0.195		0.060

注：***，***，* 分别表示在 1%、5%、10% 的水平上显著。

0.064 和 0.020，但是只有综合行业的系数是显著的，且明显大于全样本时得到的系数（0.027）。房地产和商业的样本回归得到的系数是负的，但不显著。结果说明从行业性质上来看，综合行业的企业更倾

表5.6

分行业检验结果

自变量	检验6—公用事业		检验7—房地产		检验8—综合		检验9—工业		检验10—商业	
	系数	T值	系数	T值	系数	T值	系数	T值	系数	T值
$ROE_{i,t-1}$	0.052	0.26	0.344**	1.99	0.053	0.49	-0.067	-0.45	-0.089	-0.67
$ROE_{i,t-2}$	0.165	1.36	0.100	0.99	0.029	0.20	0.305***	2.68	0.130	0.69
$ROE_{i,t-3}$	-0.038	-0.43	-0.007	-0.72	-0.014	-0.18	0.114	1.46	0.249*	1.65
$ROE_{i,t-4}$	0.038	0.72	-0.031	-0.51	0.186	0.77	0.058	0.61	-0.031	-0.32
$TOBQ_{i,t-1}$	0.006***	2.45	0.005*	1.74	0.021***	3.70	0.017***	5.44	0.008	0.70
$TOBQ_{i,t-2}$	0.006***	3.51	0.003	0.76	0.003	0.37	0.000	-0.18	0.007	0.96
$\ln COMP_{i,t-1}$	0.022	0.58	-0.012	-0.70	0.064*	1.80	0.020	1.55	-0.006	-0.34
$\ln Sales_{i,t}$	0.014	1.63	0.022***	6.39	0.022	1.22	0.012***	2.66	0.018***	3.15
Constant	-0.558	-1.45	-0.263	-1.23	-1.346***	-2.86	-0.531***	-3.19	-0.265	-1.40
工具变量数（个）	37		37		37		37		37	
自相关检验　AR（1）	0.168		0.042		0.014		0.134		0.085	
自相关检验　AR（2）	0.506		0.622		0.336		0.130		0.340	
工具变量过度识别检验　Sargan检验	0.103		0.005		0.417		0.034		0.229	
工具变量过度识别检验　Hansen检验	0.177		0.608		0.312		0.121		0.396	

续表

自变量		检验6—公用事业 系数	检验6—公用事业 T值	检验7—房地产 系数	检验7—房地产 T值	检验8—综合 系数	检验8—综合 T值	检验9—工业 系数	检验9—工业 T值	检验10—商业 系数	检验10—商业 T值
水平方程	Hansen检验		0.180		0.401		0.440		0.864		0.600
	Difference		0.217	0.603			0.290		0.081		0.344
工具变量子集外生性检验 ROE	Hansen检验		0.385	0.239			0.088		0.031		0.855
	Difference		0.135	0.888			0.795		0.646		0.109
$TOBQ$	Hansen检验		0.147	0.205			0.888		0.781		0.234
	Difference		0.361	0.922			0.059		0.018		0.615
$\ln COMP$	Hansen检验		0.302	0.478			0.168		0.062		0.620
	Difference		0.141	0.701			0.777		0.643		0.144
$\ln Sales$	Hansen检验		0.147	0.623			0.268		0.097		0.366
	Difference		0.828	0.267			0.833		0.988		0.508

注：***、**、* 分别表示在1%、5%、10%的水平上显著。

倾向于在高管激励中考虑其对企业的总体贡献，或者这些企业高管的薪酬更大程度地决定于他们的不可契约绩效，这与综合行业的经营性质相吻合，考虑到多目标、多经营业务特点的综合行业，较之其他行业，更愿意这么做符合综合行业发展的要求。

表5.5和表5.6中也分别报告了各个子样本回归分析的工具变量数和自相关检验、工具变量过度识别检验和工具变量子集外生性检验的P值，从数据可以看到，上述子样本的回归都通过了这些检验。

第四节　本章小结

本书引用了一个拓展的委托代理模型对高管激励的关系契约论进行了理论解析，随后对这一模型进行了经验检验，其结论支持了关系契约论的假设，并为高管激励的有效性提供了证据，也为新一轮国企改革中高管激励制度改革的思路提供了理论依据和经验支持。该模型在高管激励关系契约论分析的基础上，指出应将高管对企业的总体贡献和可契约的绩效区分开来，并将这一思想进行了形式化分析，指出当激励契约不仅考虑可契约的产出，而是依据代理人的总体贡献确定激励水平时，才可能实现最优激励。这支持了当前国企改革中要求高管绩效考核要考虑综合性绩效的指导思想。随后，本书的经验检验结论显示，现实中的高管激励的确不仅仅考虑了可契约的绩效的改善，也考虑了不可契约的绩效的改善，即高管激励是基于高管对企业的总体贡献。而且进一步的检验还发现，相对民营企业来说，国有企业更倾向于使用不可契约绩效或者对高管的总体贡献进行评价，来确定其激励水平。换言之，不可契约绩效指标在国企高管激励决策中发挥了更大作用；产生这种现象的原因正是国有企业经营目标的多元化等因素，使得国有企业更愿意、更需要对高管的努力水平进行更全面的判断并以此给予激励，这就为当前的国企改革思路提供了理论和经验支持。

第六章　关系契约论经验研究之二：关于在职消费

本章根据第三章提出的高管激励的关系契约论，指出在职消费、政治激励等诸多高管所受到的非薪酬激励或隐性激励都可以理解为关系契约激励的一种，并特别针对高管的在职消费问题，从关系契约论的角度进行了进一步的解释，随后用中国上市公司数据验证了关于在职消费监管必要性的假设，并提出了相应的政策建议。

第一节　引言

党的十八大以来，国有企业改革被认为是全面深化改革中最艰难的领域之一，其中高管薪酬制度的改革更是难上加难。2014 年讨论通过，2015 年 1 月 1 日开始实施的《中央管理企业负责人薪酬制度改革方案》和《关于合理确定并严格规范中央企业负责人履职待遇、业务支出的意见》等政策正在执行中，但近期的各级巡视工作却还是发现很多国有企业在高管履职待遇、职务消费方面仍然存在问题，消费水平高和信息不公开是反映最强烈的两个方面。究竟从理论上应该如何理解这一问题？

在职消费传统上被认为是企业的代理成本，但现在越来越多的研究关注到了它的另一面，即将其看作一种激励或是货币薪酬的替代①②③④⑤⑥⑦⑧⑨⑩。尤其是在中国，又特别是在国企高管的货币薪酬受到管制的情况下，在职消费普遍被当作一种重要的高管激励方式⑪。但这种激励的效果究竟如何？在新政策背景之下，有国企高管叫苦：对货币薪酬和在职消费都进行严格限制，就是鼓励国企高管"做雷锋"，在国企就业、税收、创新等目标压力下的这种管制是"又要马儿跑得快，又要马儿不吃草"。那么，监管的必要性究竟应该如何解释？监管的措施究竟应该如何改进？

　　本章首先就针对企业高管的在职消费问题，从高管激励的关系契约论出发，剖析其激励效应的形成机制，指出在职消费本质上是通过所有者与高管之间的关系契约形成的非正式激励机制；但关系契约的自我履约性、履约过程中的信息不对称、不可被第三方证实的特点恰恰导致了对在职消费的内外监管薄弱，伴随产生的额外代理成本削弱了其激励效应，因此出现了在职消费水平高而激励效应弱的结果，要提高其激励效应就应该加强监管。其次，本书用中国上市公司数据验

　　① Rajan, R. G. , and J. Wulf, "Are Perks Purely Managerial Excess?" *Journal of Financial Economics*, Vol. 79, No. 1, 2006, pp. 1 – 33.

　　② 陈冬华、陈信元、万华林：《国有企业中的薪酬管制与在职消费》，《经济研究》2005 年第 2 期。

　　③ 陈冬华、梁上坤、蒋德权：《不同市场化进程下高管激励契约的成本与选择：货币薪酬与在职消费》，《会计研究》2010 年第 11 期。

　　④ 冯根福、赵珏航：《管理者薪酬、在职消费与公司绩效——基于合作博弈的分析视角》，《中国工业经济》2012 年第 6 期。

　　⑤ 姜付秀、黄继承：《经理激励、负债与企业价值》，《经济研究》2011 年第 5 期。

　　⑥ 卢锐、魏明海、黎文靖：《管理层权力、在职消费与产权效率——来自中国上市公司的证据》，《南开管理评论》2008 年第 11 期。

　　⑦ 孙世敏、柳绿、陈怡秀：《在职消费经济效应形成机理及公司治理对其影响》，《中国工业经济》2016 年第 1 期。

　　⑧ 王曾、符国群、黄丹阳等：《国有企业 CEO "政治晋升"与"在职消费"关系研究》，《管理世界》2014 年第 5 期。

　　⑨ 王新、毛慧贞、李彦霖：《经理人权力、薪酬结构与企业业绩》，《南开管理评论》2015 年第 1 期。

　　⑩ 张敏、王成方、刘慧龙：《冗员负担与国有企业的高管激励》，《金融研究》2013 年第 5 期。

　　⑪ 徐细雄、谭瑾：《高管薪酬契约、参照点效应及其治理效果：基于行为经济学的理论解释与经验证据》，《南开管理评论》2014 年第 4 期。

证了对在职消费的这种解释，并比较了国企和非国企之间的差别，指出在职消费监管的重点应该在国有企业。最后，文章基于上述理论和经验分析给出了进一步改进对在职消费的监管措施，特别是对强化披露措施的政策建议。

本章从关系契约理论的角度提供了一个分析在职消费激励机制的新视角，经验检验中使用的系统广义矩估计法增强了稳健性，研究结论为进一步加强对在职消费的披露和监管提供了理论依据和经验证据。

第二节　理论分析和研究假设

Fan 等[①]指出，现实中的很多契约关系不是在法庭上强制执行，而是通过替代的非正式机制来履行的，因此企业契约关系的非正式履行机制成了公司治理研究的一个重要方向。契约关系的非正式履约机制建立在人们对文化、习俗、社会规范、声誉、关系等的重视上，即非正式制度在经济关系中的作用的体现。关系契约理论就揭示了契约依靠缔约方对契约关系的重视而产生自我履约性的内在机制。Williamson 最早把法学的关系契约概念引入经济学，用它来解释企业的本质，他指出，企业就是把生产组织在一个长期的关系契约下的机制，降低了市场的交易成本。相对于通常用于解释企业本质的"契约的联结"观点（即 Alchain 和 Demsetz 提出的"完全契约观"），用关系契约理论来解释企业本质，就是企业理论的"不完全契约观"[②]，因此这一理论也是不完全契约理论的重要组成部分。强调契约的不完全

[①]　Fan, J. P. H., K. C. J. Wei, and X. Xu et al., "Corporate Finance and Governance in Emerging Markets: A Selective Review and an Agenda for Future Research", *Journal of Corporate Finance*, Vol. 17, No. 2, 2011, pp. 207 – 214.

[②]　Kim, J., and J. T. Mahoney, "A Strategic Theory of the Firm as a Nexus of Incomplete Contracts: A Property Rights Approach", *Journal of Management*, Vol. 36, No. 4, 2010, pp. 806 – 826.

性，承认无法在事前对所有未来或然事件进行预见的事实，通过使用灵活的初始条款，并在事后通过再谈判以弥补初始契约的不足，来促进交易的实现，这就是不完全契约理论对现实契约关系的解释。相对不完全契约理论的另一个分支，即"产权理论"观点，关系契约理论强调的是事后调整，即在契约执行阶段中采取行动，而产权理论强调的是事前的机制设计，因此后者多用于分析企业的产生，而关系契约更适用于分析企业运行过程中的内外部治理问题。要强调的是，关系契约存在的前提是契约双方对契约关系的重视，那些可以事后调整的条款，通常只基于契约双方可以观察到的信息，而不能被第三方证实，因此关系契约无法由第三方强制执行。

Williamson 提出其治理理论之后，关系契约理论最初主要被用来分析企业间关系的治理问题，比如战略联盟问题和供应链管理问题等，而 Baker，Gibbons 和 Murphy 将其引入组织内部，分析企业内的治理问题，指出企业内部也使用了很多非正式协议和非书面行为规范等关系契约①。Gillan 和 Levin 等在分析员工激励问题时也指出，不可能基于传统的激励理论制定出一个完全有效的正式契约，因此，现实管理中的激励往往使用了隐性的关系契约②③。本书的关系契约论进一步指出，企业在高管激励实践中，通常既使用正式契约，也同时使用了非正式形式的激励契约，比如企业在确定员工的薪酬水平时除了考虑显性绩效指标外，还要考虑一些主观的隐性绩效指标，或者员工激励的方式采用一些灵活的非货币激励方式等，两种契约的共同使用，能够帮助企业更准确地衡量高管与所有者利益一致的努力水平，实现更有效的激励。

在职消费，本质上是通过所有者与高管之间的关系契约形成的非

---

① Baker, G., R. Gibbons, and K. J. Murphy et al., "Relational Contract and the Theory of the Firm", *The Quarterly Journal of Economics*, Vol. 117, No. 1, 2002, pp. 39 – 84.

② Gillan, S. L., J. C. Hartzell, and R. Parrino et al., "Explicit versus Implicit Contracts: Evidence from CEO Employment Agreements", *The Journal of Finance*, Vol. 64, No. 4, 2009, pp. 1629 – 1655.

③ Levin, J., "Relational Incentive Contracts", *The American Economic Review*, Vol. 93, No. 3, 2003, pp. 835 – 857.

正式激励机制。当高管的货币薪酬被管制或与外部参照标准存在差异时，自利的高管增强了他们使用在职消费作为替代激励补偿机制的动机①②③，尤其在国有企业，相对更强的管理层权力成为他们提高在职消费的有利条件④⑤⑥。因此在现实中，在职消费已经成为高管重要的获取收益也是获得激励的形式，但是，它与其他激励形式如通过正式契约规定的货币薪酬有显著差异，体现在它与高管经营管理工作的正常成本密不可分以及不确定性上。首先，在职消费的一部分确实是高管在经营管理工作中所必需的，比如办公条件、餐饮娱乐、差旅费用等，高管在在职消费中完成工作，但同时也在在职消费中获得额外的自我满足。但这种必需的成本与为了自我满足而产生的额外在职消费界限不明，很难区分，特别是很难被外部人观察和测度。同时由于在职消费是伴随企业经营管理过程发生的，其消费方式和额度难以在事前进行预见和估计。正是因为这种不可分、不确定性，作为一种确实能对高管产生激励的方式，在职消费的具体内容和水平不能像货币薪酬一样在事前明确写入高管的正式激励契约，只有所有者和企业高管在共同承认在职消费的激励效应的前提下，双方以非正式形式就高管的在职消费达成关系契约，承诺实现这种激励。现实中这种关系契约往往体现在企业相关制度中，或以默示契约的方式存在。因此在职消费作为一种普遍认可的非正式激励方式，被企业大量采用。

但这种由关系契约形成的激励机制的显著特点就是激励水平难以

① 何山、徐光伟、陈泽明：《代理人自利行为下的最优激励契约》，《管理工程学报》2013 年第 3 期。

② 徐细雄、谭瑾：《高管薪酬契约、参照点效应及其治理效果：基于行为经济学的理论解释与经验证据》，《南开管理评论》2014 年第 4 期。

③ 张丽平、杨兴全：《管理者权力、外部薪酬差距与公司业绩》，《财经科学》2013 年第 4 期。

④ 权小锋、吴世农、文芳：《管理层权力、私有收益与薪酬操纵》，《经济研究》2010 年第 11 期。

⑤ 树友林：《高管权力、货币报酬与在职消费关系实证研究》，《经济学动态》2011 年第 5 期。

⑥ 张铁铸、沙曼：《管理层能力、权力与在职消费研究》，《南开管理评论》2014 年第 5 期。

被第三方证实，即使作为契约方之一的所有者也由于和高管之间的信息不对称，无法获得完全的信息，因此对其的内外部监管都较薄弱。一方面，这会导致高管可以利用其对企业的实际控制权和信息优势，有动机和便利增加不必要的过度在职消费，形成新的代理成本，导致产生高额在职消费，却削弱了其激励效应；另一方面，由于外部监督力量比如媒体也无法获取高管在职消费的真实信息，只能通过"轰动报道"等方式①来引起注意，其监督力量是有限的，这时就更需要加强政府监管的力量②，以结合其他外部监督机制如媒体，以及进一步的市场化改革③和分红④等治理机制的改善，使在职消费能真正发挥出应有的激励作用。简言之，在职消费可以看作所有者和高管通过达成关系契约而形成的一种非正式激励，但非正式的关系契约无法被第三方证实的特点却使得对其内外部监管薄弱，导致了现实中的在职消费水平高而激励效应弱的后果，其解决对策就是更有效的监管。

　　现实中的在职消费是否符合上述理论分析呢？需要进一步的检验。将在职消费作为一种高管激励的目的是希望提高高管的努力水平，进而产生效率，带来所有者收益——企业绩效的提升，但是现有的研究对这一问题的检验结论是不一致的，比如王满四等人的经验研究就发现，在职消费对企业绩效的负向作用更为明显⑤⑥⑦⑧，但也有研究者发现在职消费对公司盈余质量、员工激励等产生了可证实的正

---

　　①　李培功、沈艺峰：《经理薪酬、轰动报道与媒体的公司治理作用》，《管理科学学报》2013 年第 10 期。

　　②　杨德明、赵璨：《媒体监督、媒体治理与高管薪酬》，《经济研究》2012 年第 6 期。

　　③　辛清泉、谭伟强：《市场化改革、企业业绩与国有企业经理薪酬》，《经济研究》2009 年第 11 期。

　　④　罗宏、黄文华：《国企分红、在职消费与公司业绩》，《管理世界》2008 年第 9 期。

　　⑤　王满四：《上市公司负债融资的激励效应实证研究——针对经理人员工资和在职消费的分析》，《南方经济》2006 年第 7 期。

　　⑥　李艳丽、孙剑非、伊志宏：《公司异质性、在职消费与机构投资者治理》，《财经研究》2012 年第 6 期。

　　⑦　张力、潘青：《董事会结构、在职消费与公司绩效——来自民营上市公司的经验证据》，《经济学动态》2009 年第 3 期。

　　⑧　周仁俊、杨战兵、李礼：《管理层激励与企业经营业绩的相关性——国有与非国有控股上市公司的比较》，《会计研究》2010 年第 12 期。

向激励效果①②。现有经验研究在检验方法上主要考虑的是当期在职消费与当期绩效的关系，但本书认为当期在职消费的激励作用可以更多地从未来的绩效改善上去检验，这也是 Hayes 等人在考察激励与绩效的关系时所采用的思路，这种思路相继在一些重要文献中被采用。本书也尝试从这个视角来重新检验在职消费的激励效应。由此，本章建立的第一个研究假设是：

假设 6.1：企业高管的在职消费对企业绩效有弱的正向影响

同时值得思考的是，国有企业高管的在职消费问题受到更多关注，是因为在职消费现象在国有企业更为突出，其原因可能是政府主管部门的公平偏好降低了国企高管薪酬契约的最优激励强度③，从而也降低了薪酬的绩效敏感性④。为了弥补这种效率损失，国企所有者（代理人）有倾向选择其他非货币薪酬激励方式，尤其是具有一定隐蔽性的在职消费等方式，使得在货币薪酬受到管制的情况下，依然能实现对高管的"最优"激励。而同时有自利倾向的高管确实也更容易在规模更大、租金更高的国有企业中实现更高水平的在职消费，比如某些国有企业高管的"天价车""天价酒""天价名片"现象。相对而言，非国有企业的高管激励更为市场化，其内生于公司的薪酬契约有着更高的激励效率⑤，换言之，非国有企业不会像国有企业那样倚重在职消费来激励高管，如果现实与这种分析契合，则应该能观察到在国有企业，在职消费的激励效应相对于非国有企业更为显著。所以本章的经验研究关注的第二个问题是，在职消费的弱激励效应是否在国有企业与非国有企业之间存在显著差异，即本章拟检验的第 2 个假

---

① 李焰、秦义虎、黄继承：《在职消费、员工工资与企业绩效》，《财贸经济》2010 年第 7 期。

② 罗劲博：《制度环境、在职消费与盈余质量——基于 A 股上市公司的经验数据》，《山西财经大学学报》2013 年第 7 期。

③ 黄再胜、王玉：《公平偏好、薪酬管制与国企高管激励——一种基于行为合约理论的分析》，《财经研究》2009 年第 1 期。

④ 刘星、徐光伟：《政府管制、管理层权力与国企高管薪酬刚性》，《经济科学》2012 年第 1 期。

⑤ 陈冬华、陈信元、万华林：《国有企业中的薪酬管制与在职消费》，《经济研究》2005 年第 2 期。

设是：

假设 6.2：在职消费的弱激励效应在国有企业与非国有企业中存在显著差异

第三节　经验研究设计

一　思路与方法

要检验在职消费的激励效应，即对企业绩效的影响，根据 Hayes 等的方法，可以在排除当期绩效变化的影响后，检验当期激励变化与企业未来绩效变化之间的关系，以此来判断其激励效果。Hayes 等将高管的当期薪酬和企业当期绩效的变化作为自变量，用企业未来绩效的变化作为因变量，考察了高管薪酬和企业未来绩效之间的关系，以此判断隐性绩效考核的激励作用。经 Bushman 和 Smith 的推荐[1]，这一方法在大量文献中得到了应用[2]。但通常这些应用使用的计量方法还是最小二乘法，为了更好地解决变量内生性问题，本书采用了系统广义矩估计法对其进行了改进。借鉴 Hayes 等的思路，本书在其模型的自变量中增加了表示在职消费变化的变量，并使用改进后的计量方法，考察了在职消费和企业未来绩效变化之间的关系，以此来判断在职消费是否存在弱激励效应，具体的经验检验的模型设定为：

$$\Delta Perf_{t+1} = \beta_0 + \beta_1 \Delta Comp_t + \beta_2 \Delta Perks_t + \beta_3 \Delta Perf_t + e \tag{6.1}$$

其中 $\Delta Perf_{t+1}$ 表示企业未来绩效的变化，$\Delta Comp_t$ 表示当期高管薪酬的变化，$\Delta Perks_t$ 表示当期在职消费水平的变化，$\Delta Perf_t$ 表示当期企业绩效控制变量，检验主要观察系数 β_2 的符号和性质，如果 β_2 为显著的正值，则表明在职消费对企业未来绩效有显著正的影响，假设 6.1 得证。

---

[1]　Bushman, R. M., and A. J. Smith, "Financial Accounting Information and Corporate Governance", *Journal of Accounting and Economics*, Vol. 32, 2001, pp. 237 – 333.

[2]　Jayaraman, S., and T. T. Milbourn, "The Role of Stock Liquidity in Executive Compensation", *The Accounting Review*, Vol. 87, No. 2, 2012, pp. 537 – 563.

二 样本与变量

本书采用了上海、深圳主板市场 2004—2010 年的数据作为样本[①]来进行回归分析，并对初始样本剔除了金融行业和特别处理的以及数据缺失的企业，共得到 1750 个样本企业，各变量数据主要来源于国泰安数据库（CSMAR）和色诺芬经济金融数据库（CCER）。

经验检验涉及的主要变量包括：

● 在职消费：如上所述，由于在职消费的不可分、不确定性，在企业公开披露的信息中并没有"在职消费"这个独立的项目，因此是不可能直接获得准确的数据的。但为了研究在职消费的问题，Luo 等[②]指出，高管的在职消费通常包含在管理费用中，通过在企业财务报表的管理费用项目中减去显著的非在职消费项的费用，并根据分行业分年度回归的正常在职消费额度，来测算每个企业被认为是"代理成本"或"非正式报酬"的那部分"超额的"在职消费，这是目前能够相对准确地衡量用作非正式报酬的在职消费水平的方法。本书使用上述方法，通过在管理费用上减去显著的非在职消费项目，比如董事、高管、监事会薪酬总额、坏账准备、存货跌价准备以及无形资产摊销额等首先算出总的在职消费水平 TPerks，然后使用下面的模型回归来估算合理的在职消费水平：

$$\frac{NPerks_{it}}{TA_{i,t-1}} = \alpha_0 + \alpha_1 \frac{1}{TA_{i,t-1}} + \alpha_2 \frac{\Delta Sales_{it}}{TA_{i,t-1}} + \alpha_3 \frac{FA_{it}}{TA_{i,t-1}} + \alpha_4 \frac{Inventory_{it}}{TA_{i,t-1}} +$$

$$\alpha_5 \ln NStaff_{it} + \varepsilon_t \tag{6.2}$$

其中 TA 表示企业的总资产，Perks 表示在职消费，Sales 表示主营业务收入，FA 表示企业固定资产，Inventory 表示存货水平，NStaff 表

---

① 之所以采用了 2004 年之后的数据，原因在于 2004 年中央提出了对央企高管薪酬的管理规定，自此以后的高管薪酬数据披露相对比较完善。另外，2009 年陈同海巨贪事件的出现，使得中央纪委监察部、国务院国资委对央企负责人职务消费的监管加强，尤其在党的十八大以后，八项规定的出台，使得国企高管在职消费现象得到了有效遏制。这些背景都使得样本数据可能在 2010 年后出现较大变异，因此，在样本选取上，本书只取到 2010 年的数据。

② Luo, W., Y. Zhang, and N. Zhu et al., "Bank Ownership and Executive Perquisites: New Evidence from an Emerging Market", *Journal of Corporate Finance*, Vol. 17, No. 2, 2011, pp. 352 – 370.

示企业员工数。利用这个模型对样本企业分年度分行业进行回归，通过回归得到的值 NPerks 就表示一个合理的在职消费水平，然后用上述实际在职消费水平减去这一合理水平值就得到了超额的在职消费，或者说用做非正式激励的在职消费水平 Perks。

• 薪酬水平：本书采用高管前三位薪酬总额的自然对数 lnCOMP 作为其货币薪酬水平的代理指标。

• 企业绩效：考虑到中国企业高管，尤其是国有企业高管正式薪酬契约中多采用净资产收益率指标（会计绩效指标之一）来衡量企业绩效，所以本书在众多绩效指标中首先选取了 ROE 来表征企业绩效，但在稳健性检验中还另外选取了总资产收益率变量 ROA，表征市场绩效的托宾 Q 值变量 TOBQ，以及表征企业长期发展能力的营业收入增长率变量 IOR 作为替代的绩效指标。

• 企业属性变量：本书用实际控制人性质 RC 表示企业属性（取值为 0 表示实际控制人为国有企业或机构，取值为 1 表示实际控制人为非国有企业或机构），另外还考察了企业的总资产水平，以衡量企业的规模。变量描述性统计如表 6.1 所示：

表 6.1   **变量描述性统计**

变量	定义	观测值	均值	标准差	最小值	最大值
lnPerks	在职消费的自然对数	2977	17.2162	1.5173	8.7310	22.6998
lnCOMP	高管薪酬的自然对数	9528	13.5316	0.8353	9.7981	16.5964
ROE	净资产收益率	9575	0.0445	1.7553	−134.7937	75.9681
ROA	总资产收益率	9595	0.0387	0.0587	−0.2201	0.2063
TOBQ	托宾 Q 值	9575	1.7184	1.1037	0.0001	16.3989
IOR	营业收入增长率	9575	0.3002	4.5322	−1	400.677
lnTA	总资产的自然对数	9600	21.6000	1.2154	17.1219	28.1357

其中 RC 取值为 0，即实际控制人为国有机构或企业的样本量是 842 个，RC 取值为 1，即实际控制人为非国有企业或机构的样本量是 866 个。另外，本书还剔除了各变量的部分异常值。

本章首先对企业在职消费水平进行了统计分析，根据企业最终控制人分类情况，企业总的在职消费水平、超额在职消费水平和高管薪酬水平统计和比较如表6.2所示：

表 6.2   国有和非国有企业的高管薪酬和在职消费统计分析

最终控制人		lnTA	ln$TPerks$	ln$Perks$	ln$COMP$
国有	偏度	0.9495	0.5098	−0.3081	−0.1245
	均值	21.8507	18.3024	17.3690	13.5434
	最小值	18.2659	11.0009	10.2207	10.1999
	P25	20.9997	17.5054	16.5656	13.017
	中值	21.6682	18.1946	17.4411	13.5776
	P75	22.4909	18.9736	18.3320	14.0768
	最大值	28.1356	24.6137	22.6998	16.5368
非国有	偏度	0.5831	−0.2925	−0.8252	0.0517
	均值	21.1864	17.6156	16.9068	13.5123
	最小值	17.1218	10.7386	8.7310	9.7981
	P25	20.5289	16.9584	16.0154	12.9650
	中值	21.0713	17.6044	17.0657	13.4981
	P75	21.7527	18.3285	17.9480	14.0371
	最大值	25.6743	21.9167	21.4151	16.5964
总体	偏度	0.9394	0.3074	−0.4911	−0.0585
	均值	21.6000	18.0408	17.2162	13.5316
	最小值	17.1218	10.7386	8.7310	9.7981
	P25	20.7934	17.2671	16.3778	12.9945
	中值	21.447	17.9687	17.3115	13.5478
	P75	22.2257	18.7590	18.2034	14.0629
	最大值	28.1357	24.6137	22.6998	16.5964

从表6.1和表6.2可以看出，在职消费水平比高管薪酬水平要高得多，在职消费的自然对数的均值是17.162，高管薪酬的自然对数的均值只有13.5316。这与 Luo 等的发现是一致的，他们的研究指出中国企业的在职消费大概是高管薪酬水平的5倍之多。这也进一步说明研究在职消费问题的重要性。从上表还可以看出，国有企业的在职消费水平和高管薪酬都要比非国有企业的高。但是高管薪酬在它们之间

的差距要小于在职消费的差距。国有企业和非国有企业高管薪酬的自然对数的均值之差是 0.03，而它们的在职消费水平的自然对数均值之差是 0.46，而且高管薪酬的最大值并没出现在国有企业，而是在非国有企业。这说明国有企业更倾向于使用更多在职消费作为高管的非正式激励机制。

各变量的相关性分析如表 6.3 所示：

表 6.3　　　　　　　　　　相关系数矩阵

变量		ln*Perks*	ln*COMP*	*ROE*	*ROA*	*TOBQ*	ln*TA*	*IOR*
ln*Perks*	*C*	1.0000						
ln*COMP*	*C*	0.2518	1.0000					
	P	0.0000						
ROE	*C*	0.0219	0.1957	1.0000				
	P	0.2343	0.0000					
ROA	*C*	0.0557	0.2374	0.8543	1.0000			
	P	0.0025	0.0000	0.0000				
TOBQ	*C*	0.1187	0.1876	0.1313	0.1721	1.0000		
	P	0.0000	0.0000	0.0000	0.0000			
ln*TA*	*C*	0.3704	0.5066	0.1058	0.0947	0.0348	1.0000	
	P	0.0000	0.0000	0.0000	0.0000	0.0592		
IOR	*C*	0.1501	0.0259	0.1853	0.1883	0.0795	0.2132	1.0000
	P	0.0000	0.1593	0.0000	0.0000	0.0000	0.0000	

从相关分析可以看出，*ROE* 和 *ROA* 之间相关系数较大，其他则不显著。

第四节　结果与分析

一　对假设 6.1 的检验

对于此类时期 T 短而横截面企业数量 N 多的面板数据，Hayes 等采用的是最小二乘法，本书则采用针对动态面板数据的系统广义矩估计法（GMM），对该模型进行了估计。检验中将 *ROE* 或 *ROA* 作为因变量，表征企业未来绩效，并将其滞后值作为自变量放入估计模型，将 *IOR* 或 *TOBQ* 作为当期绩效的控制变量，同时考虑薪酬和绩效的滞后作用，且考虑差分广义矩估计法容易受到弱工具变量的影响，因而使用了两阶段系统广义矩估计法（SYS – GMM）。其检验模型和结果显示如表 6.4。

从上述结论可以看出，在排除当期的高管薪酬、会计绩效和市场绩效的影响之后，当期在职消费水平对企业未来绩效有显著正的影响，但是其相关系数只有 0.0030，这也就证实了在职消费的弱激励效应，即假设 6.1 得证。同时，我们看到在考虑了在职消费的激励效应以后，当期高管薪酬对企业未来绩效的作用是负的，但并不显著，说明在排除在职消费的影响之后，高管薪酬的长期激励效应并不显著，这种观察与周仁俊等研究的在职消费与货币薪酬的共同激励效应的结论是一致的[①]。作为控制变量的当期会计绩效和市场绩效对企业未来绩效的影响的性质与 Hayes 等的结论一致，即当期会计绩效（*ROA* 或 *ROE*）对未来企业绩效的影响是显著为负的，而市场绩效（*TOBQ*）对企业未来绩效的影响是显著为正的。

为了进一步确保检验结论的稳健性，本书改变自变量的滞后阶数，如将滞后因变量的阶数增加，检验结果显示，在职消费 $\Delta Perks_t$ 的系数始终为正且显著，因此上述结论是稳健的。

对上述 GMM 估计法的有效性，本书也进行了系列检验，表中 AR（2）– P 表示二阶序列相关的 Arrelano – Bond 检验的 P 值，结果显示不存在二阶自相关问题。另外对于工具变量有效性的检验，由于存在异方差问题，则 Sargan 检验是不稳健的，因此本章使用了 Hansen 检验对工具变量的总体有效性进行判断，其原假设是工具变量与误差项不相关，即是外生的，检验结果 P 值均大于 0.1，说明工具变量的选择有效。

---

① 周仁俊、杨战兵、李勇：《管理层薪酬结构的激励效果研究》，《中国管理科学》2011 年第 1 期。

表 6.4　　采用系统广义矩估计法对假设 6.1 的检验结果

因变量	自变量							观测值	AR (2) - P	Hansen - P
	$\Delta Perkst$	$\Delta Compt$	$\Delta Compt-1$	$\Delta ROEt$	$\Delta ROEt-1$	$\Delta TOBQt$	$\Delta TOBQt-1$	观测值		
$\Delta ROEt+1$	0.003	-0.0054	-0.0168	-0.5277	-0.1844	0.0089	0.0041	743	0.47	0.34
	(1.33)	(-0.77)	(-2.72)	(-13.50)	(-5.27)	(4.50)	(2.19)			
		*	*	***	***	***	**			
	$\Delta Perkst$	$\Delta Compt$	$\Delta Compt-1$	$\Delta ROEt$	$\Delta ROEt-1$	$\Delta IORt$	$\Delta IORt-1$	观测值		
$\Delta ROEt+1$	0.0031	-0.0101	-0.0216	-0.5182	-0.1867	-0.0022	-0.0042	743	0.48	0.36
	(1.32)	(-1.46)	(-3.48)	(-13.65)	(-5.51)	(-1.09)	(-1.12)			
	*		**	***	***					
	$\Delta Perkst$	$\Delta Compt$	$\Delta Compt-1$	$\Delta ROAt$	$\Delta ROAt-1$	$\Delta TOBQt$	$\Delta TOBQt-1$	观测值		
$\Delta ROEt+1$	0.0035	-0.0057	-0.0086	-0.3449	-0.098	0.0044	0.0011	745	0.39	0.20
	(2.59)	(-1.38)	(-2.04)	(-6.35)	(-2.09)	(3.42)	(0.69)			
	***		**	***	**	***				
	$\Delta Perkst$	$\Delta Compt$	$\Delta Compt-1$	$\Delta ROAt$	$\Delta ROAt-1$	$\Delta IORt$	$\Delta IORt-1$	观测值		
$\Delta ROEt+1$	0.0036	-0.0088	-0.0112	-0.352	-0.1197	-0.0042	-0.0064	745	0.41	0.19
	(2.62)	(-2.21)	(-2.64)	(-7.07)	(-2.76)	(-5.09)	(-2.55)			
	***	*	*	***	***	***	***			

注：括号内为标准差。***、**、*分别表示在 1%、5%、10% 的水平上显著。

表 6.5　　对假设 6.2 的检验结果

子样本	因变量		ΔPerkst	ΔCompt	ΔCompt-1	ΔROEt / ΔROAt	ΔROEt-1 / ΔROAt-1	ΔTOBQt	ΔTOBQt-1	观测值
国有企业	ΔROEt+1	系数	0.0024	0.0016	-0.0134	-0.667	-0.3039	0.0111	0.0064	509
		(t)	(0.83)	(0.20)	(-1.95)	(-35.94)	(-25.40)	(4.47)	(4.21)	
			*		**	***	***			
	ΔROAt+1	系数	0.0030	-0.0059	-0.0091	-0.4023	-0.1583	0.0050	0.0025	509
		(t)	(1.97)	(-1.20)	(-1.87)	(-6.22)	(-3.10)	(3.28)	(2.44)	
			**		*	***	***	***		
非国有企业	ΔROEt+1	系数	0.0017	0.0006	0.0051	-0.4049	-0.0808	0.0098	0.0058	171
		(t)	(0.41)	(0.04)	(0.35)	(-5.13)	(-0.98)	(2.04)	(1.05)	
						***		**		
	ΔROAt+1	系数	0.0013	0.0031	0.0056	-0.3415	0.0126	0.0043	0.0001	171
		(t)	(0.51)	(0.41)	(0.53)	(-4.22)	(0.15)	(1.38)	(0.04)	
						***				

自变量

注：括号内为标准差。***、**、* 分别表示在 1%、5%、10% 的水平上显著。

二 对假设 6.2 的检验

为了检验在职消费在国有企业与非国有企业中的激励效应的差异，本书将样本分为国有企业和非国有企业两个子样本，采用系统广义矩估计法，重复了上述检验过程，结果显示如表 6.5 所示：

上述结果显示，在职消费对企业未来绩效的正的影响在国有企业是显著的，但是在非国有企业虽然其系数仍然为正却并不显著，而且在职消费与企业未来绩效之间的正相关系数在国有企业（0.0024 和 0.0030）也显著大于其在非国有企业的值（0.0017 和 0.0013）。这说明国有企业在职消费的激励效应更为显著，说明国有企业更倾向于将在职消费作为高管的一种非正式激励。其原因应该是国有企业高管的正式激励即货币薪酬受到了严格管制，同时国企高管的选聘不是完全市场化的方式，也就难以采用完全市场化的激励形式，因此，国有企业倾向于在正式薪酬契约之外，更多倚重于使用非正式契约机制，即通过关系契约给予高管更多的非正式激励。而对于非国有企业而言，其高管激励方式更加市场化，灵活性、差异性更大，因此非国有企业并不像国有企业那样重视发挥在职消费的激励作用，在职消费在非国有企业更多的是一种成本，而其激励效应则不显著。

第五节 本章小结

本章从高管激励的关系契约论出发，指出在职消费是通过所有者与高管之间的关系契约形成的非正式激励机制。正是因为它是通过关系契约形成的，不能被强制执行，只能通过契约的自我履约性来保证实施，而实施过程中的契约双方的信息不对称，以及信息不能被第三方证实，共同导致了对在职消费的内外部监督薄弱，增加了自利的高管进行过度在职消费的机会和动力，产生了额外的代理成本，因此造成了现实中在职消费水平高企不下，但激励效应却较弱的现实，这就给进一步加强对在职消费的内外部监督提出了要求。

本章给高管激励实践和监管政策的启示是：当前有关政策将原来

国企高管的"职务消费"说法取消，把合理的、必要的履职保障和合理支出确定为"履职待遇"和"业务支出"，这意味着除了规定的履职待遇和符合财务制度规定标准的业务支出外，国有企业高管再没有其他任何"职务消费"。这种政策区分了正常的在职消费和不合理的在职消费，使得对高管在职消费的监管有了明确的方向。但是，目前在在职消费监管的措施方面，还应该在充分认识在职消费的性质的基础上进一步加强监督。为了强化在职消费的激励效应，降低其成本效应，就特别要采取措施加强对在职消费信息的披露。首先，企业内部应该加强对相关内控制度的完善和信息的公开，以减轻高管在职消费的信息不对称，加强企业内部监督；而外部监督如政府监管方式也可以在现有的管制措施基础上进一步细化和完善，比如参照上市公司货币薪酬的强制披露规定，要求所有国有企业在财务报表中公开在职消费的相关信息，或者通过其他方式公开高管在职消费制度、预算、方式、额度、实际执行情况等，促使媒体等第三方监督力量有证实高管激励信息的可能，从而形成有效监督，最终起到改善公司治理、提高企业绩效的目的。这些措施都应该首先在国有企业里面实施，因为本书的经验研究发现，在其货币薪酬受到管制以及高管受到政治身份约束等背景下，国有企业更倾向于使用更多的基于关系契约的、难以被第三方证实的在职消费作为高管的非正式激励机制。

第七章　关系契约论经验研究之三：
关于政治激励

　　根据第三章提出的高管激励的关系契约论，政治激励等诸多高管所受到的非薪酬激励或隐性激励都是关系契约激励的一种。本章针对高管的政治激励问题，从关系契约论的角度进行了进一步的解释，用中国上市公司数据验证了关于政治激励与薪酬激励的相互关系的假设，并提出了相应的政策建议。

第一节　引言

　　关于企业高管激励机制的实证研究，其中一个主要方向是基于"最优契约论"和"高管权力论"等展开的对高管薪酬激励有效性的检验，即企业是否根据绩效来确定高管薪酬的机制、水平以及结构，讨论的核心是企业能否以及如何通过支付与绩效挂钩的高管薪酬来实现"最优激励"。还有一个重要研究方向是对其他激励形式的研究，由于那些激励不像薪酬一样容易用货币衡量，因此也被称为"隐性激励""非货币报酬"等，比如高管的特权消费、声誉激励[1][2]、控制权

---

　　[1]　Gibbons, R. , and K. J. Murphy, "Optimal Incentive Contracts in the Presence of Career Concerns: Theory and Evidence", *The Journal of Political Economy*, Vol. 100, No. 3, 1992, pp. 468 – 505.

　　[2]　李春琦：《国有企业经营者的声誉激励问题研究》，《财经研究》2002 年第 2 期。

收益①②③以及政治激励等④⑤⑥。根据本书第三章提出的高管激励的关系契约论，政治激励等诸多高管所受到的非薪酬激励或隐性激励都可以看作关系契约激励的一种，这些激励形式与薪酬同时应用于现实中的高管激励，产生不容忽视的影响，对这些激励形式的联合分析有助于研究者更全面地认识现实中的高管激励问题。

就政治激励而言，在研究中应该如何界定它目前还没有统一的认识，大多数研究政府官员的做法是将被观测者在行政级别上获得晋升的机会作为其受到的政治激励的代理变量⑦。由于中国的国有企业高管与政府官员一样拥有行政级别，且能在企业和政府部门职位间流动，研究者们重点关注了这一现象并一致认同政治激励也是国企高管不容忽视的一种激励形式。但是对他们而言，是否或者怎样将其和政府官员一样的晋升机会作为其政治激励的代理变量，还值得探究。直观来看，将高管因为观测期业绩突出而在观测期之后获得的行政级别上的晋升作为其受到的政治激励容易理解，但是这样的数据通常较难获得；另有研究者指出可以用其前任在行政级别上的晋升作为代理变量，但这些数据不仅同样难以获取，而且与被观测者所受到的政治激励间的一致性也值得商榷。鉴于此，本书尝试重新分析了企业高管的政治激励与政府官员政治激励的异同，提出将高管担任人大、政协代表看作其政治激励的代理变量，再来研究在同一时期内高管获得的政治激励与其薪酬激励之间的关系问题。这种方法不仅更易于检验，而

① 李善民、张媛春：《控制权利益与专有管理才能：基于交易视角的分析》，《中国工业经济》2007 年第 5 期。

② 徐宁、谭安杰：《控制权收益及其资本化趋势》，《会计研究》2003 年第 9 期

③ 周其仁：《"控制权回报"与"企业家控制的企业"——公有制经济中企业家人力资本产权的个案研究》，《经济研究》1997 年第 5 期。

④ 何杰、王果：《上市公司高管薪酬现实状况、变化趋势与决定因素》，《改革》2011年第 2 期。

⑤ 宋德舜：《国有控股、最高决策者激励与公司绩效》，《中国工业经济》2004 年第 3 期。

⑥ 宋增基、郭桂玺、张宗益：《公司经营者物质报酬、政治激励与经营绩效》，《当代经济科学》2011 年第 4 期。

⑦ 张莉、王贤彬、徐现祥：《财政激励、晋升激励与地方官员的土地出让行为》，《中国工业经济》2011 年第 4 期。

且抓住了企业高管的政治激励的实质，即把它看作一种关系契约，是对现有政治激励认识的拓展。随后本书利用中国上市公司的数据，对政治激励与薪酬激励关系的两种观点进行了检验，以期为进一步理解中国企业高管激励的特征提供有益的新视角。

第二节　理论综述与研究假设

政治，是以政治权力为核心展开的各种社会活动和社会关系的总和，政治活动的参与基于政治关系的建立，而政治关系在研究中通常用被观测者拥有一定的政治身份如政府官员、人大或政协代表来表示。[①] 对于企业高管而言，本书认为，拥有一定政治身份的高管，相对其他没有政治身份的高管，可以理解为获得了一种政治激励。换言之，企业高管的政治激励可以从两个层次来理解，首先，拥有政治身份本身是第一层次的政治激励；其次，在政治身份上获得改变即晋升是第二层次的政治激励。这种认识更清晰地解释了研究者们所关注到的现实，厘清了企业高管与政府官员所受到的政治激励的异同。二者相同的是可能因为业绩突出而获得行政级别的晋升，即第二层次的政治激励；不同点在于，因为不是每个企业高管都有政治身份，因此能够拥有一定政治身份本身就可以看作企业高管的政治激励，这不仅包括被赋予了行政级别的国企高管，也包括那些拥有人大、政协代表身份的国企或者民企高管，因为这种政治身份就是他们拥有政治关系的一种体现，代表他们获得了参与政治活动的机会，进而可能为他的经营带来其他企业所没有的资源、信息、保护或便利[②]，也是一种不容忽视的政治激励。对于本书的研究主题而言，因为要分析的是同一观测期内政治激励与薪酬激励的关系问题，而企业高管不可能在同一时

---

① 潘越、戴亦一、吴超鹏等：《政治关系与公司投资决策社会资本》，《经济研究》2009 年第 11 期。

② 罗党论、唐清泉：《中国民营上市公司制度环境与绩效问题研究》，《经济研究》2009 年第 2 期。

期内同时担任政府官员，且在一个观测期内，难以考察其被晋升的情况，因此合适的做法就是用高管是否担任人大、政协代表来表示其受到的政治激励，即用第一层次的政治激励来表示。

本章要探讨的政治激励与薪酬激励，是企业高管所受到的两种不同形式的激励，也可以用本书提出的高管激励的"关系契约论"将其分别理解为由关系契约和正式契约形成的激励。如前文所述，关系契约在企业激励实践中被大量使用，其典型做法包括对高管或员工的绩效采用更加灵活的测量方式，即在正式契约采用单一、客观绩效指标的基础上，增加采用主观的、更加全面的绩效测量指标；或者在正式契约仅采用薪酬、股权激励方式的基础上，增加采用其他非薪酬激励方式，比如政治激励等。这样做的目的是增加激励契约在事后执行时的灵活性，更加准确地测量高管或员工的绩效或者采用更加有效的激励方式，以提高激励契约的使用效率。而本书讨论的企业高管的政治激励即高管获得的政治身份，也是典型的关系契约激励的一种。

关系激励契约和正式激励契约的结合使用，是被普遍观察到的现实情况[1]。至于这两种契约的关系，研究者们存在不同的认识。由于关系契约通常关注的是正式契约没有关注或者无法关注的一些因素，比如对高管绩效的考核，正式契约通常只对客观绩效指标如利润、股价等进行考核，显然不足以完全准确传递高管努力水平的信息，而关系契约是对主观绩效指标的考核，二者的结合使用自然降低了对正式契约的倚重程度，因此，关系契约被认为是正式契约的一种替代，这个观点容易被接受[2]。但是，也有研究者认为二者是互补的关系，Baker 等[3]

---

① Baker, G., R. Gibbons, and K. J. Murphy et al., "Relational Contract and the Theory of the Firm", *The Quarterly Journal of Economics*, Vol. 117, No. 1, 2002, pp. 39 – 84.

② Bernheim, B. D., and M. D. Whinston, "Incomplete Contracts and Strategic Ambiguity", *The American Economic Review*, Vol. 88, No. 4, 1998, pp. 902 – 932.

③ Baker, G., R. Gibbons, and K. J. Murphy et al., "Subjective Performance Measures in Optimal Incentive Contracts", *The Quarterly Journal of Economics*, Vol. 109, No. 4, 1994, pp. 1125 – 1156.

从理论上给予了证明，而 Poppo 等人①则从经验研究中找到了证据。
Poppo 等认为，正式契约通过清晰明确的条款规定了对机会主义行为
的惩罚，使得这种短期内的收益减少，但正是这种收益的减少相对提
高了长期交易关系的收益。另外，签订正式契约的过程本身也是发展
契约双方社会关系（关系契约治理）的过程，对关系契约治理存在正
向的促进作用。从另一个角度来讲，关系契约所体现的关系价值显著
地促进了交易向未来发展，因而也确保了正式契约不至于过早失败或
者高成本地终止；而且关系契约还可以促进正式契约的改进，因为当
一个契约关系发展并维持下来时，之前阶段的一些经验将会在契约的
改进中被反映出来，使正式契约变得更加准确和有效。总之，正式契
约促进了交易环境中的关系治理即关系契约的使用，关系契约的使用
又使正式契约的优化成为可能，并促进了组织间交易的稳定性。所以
正式契约和关系契约之间是互补的关系。而且，二者的结合使用相对
于仅使用一种契约形式，可以获得更高的效率。

　　从前述分析中容易预见，关系激励契约和正式激励契约的关系可
能是替代或者互补，因而政治激励和薪酬之间也可能是一种替代或者
互补。一方面，作为同时使用的激励方式，二者的目标是相同的，都
是对高管努力水平的一种回报，只是在不同情况下，二者的激励效果
有差别，因此可以将二者类似理解为两种要素的投入，当对二者的
"生产率"有不同认识的时候，可以通过调整二者的投入以期以最低
的成本获得最大的"产出"（激励效果），所以二者是替代关系；另
一方面，政治激励也可能对薪酬激励的效果起到正向的促进作用，因
为关系契约的使用，会增强缔约双方的信任与合作，使得正式契约在
原来的基础上产生更高的效率，即二者之间是互补的关系。本书认
为，从使用关系契约的目的和其本质来看，二者更应该体现为一种互
补关系，因为关系契约归根结底是基于且为了促进双方的长期合作而
形成的契约，合作是其本质，因此，本书假设二者的关系存在互补

---

① Poppo, L. , and T. Zenger, "Do Formal Contracts and Relational Governance Function as Substitutes or Complements?" *Strategic Management Journal*, Vol. 23, 2002, pp. 707 – 725.

性，接下来将用经验数据给予检验。

基于上述分析，本章的假设拟定为：

假设 7.1：政治激励和薪酬激励之间存在互补关系

假设 7.2：政治激励和薪酬激励的结合使用可以获得更高的效率

第三节 研究设计

一 模型

通常检验高管正式激励即薪酬激励效果的指标是绩效敏感性，因此为了检验假设 7.1，本书回归分析的思路是检验在考虑政治激励的情况下，薪酬激励的绩效敏感性的变化方向，如果存在政治激励时，薪酬激励的绩效敏感性增强，则说明政治激励对薪酬激励起到了正向促进作用，二者是互补的关系；反之，则说明二者是替代的关系。对于假设 7.2 而言，则把薪酬激励和政治激励同时作为解释变量，来考察被解释变量——企业绩效受到二者影响的方式，如果二者与企业绩效都存在显著的正向相关关系，则说明假设 7.2 是成立的。

如上所述，本书中政治激励的代理指标选择的是高管是否担任人大、政协代表，在这样的情形下来看薪酬激励的效果，即绩效敏感性的变化方向以及考虑它对企业绩效的影响，是分析政治激励、薪酬激励和企业绩效之间关系的恰当途径。

基于上述分析，本书的基本回归模型是：

$$COMP_{it} = \alpha_0 + \alpha_1 P_{it} + \alpha_2 P_{it} \times PI_{it} + \sum_{j=3}^{n} \alpha_j ControlVariable_{it} + \varepsilon_{it}$$

$$(7.1)$$

$$P_{it} = \alpha_0 + \alpha_1 P_{i,t-1} + \alpha_2 \ln COMP_{it} + \alpha_3 PI_{it} + \sum_{j=4}^{n} \alpha_j ControlVariable_{it} + \varepsilon_{it}$$

$$(7.2)$$

这里 $COMP$ 表示高管薪酬激励水平，P 表示企业绩效，PI 表示政治激励，$ControlVariable$ 表示各控制变量，α_n 为各解释变量的系数，ε

是模型的随机误差项。

对于式（7.1），观察的重点是其交叉项系数的符号及显著性，对于式（7.2），观察的重点是 α_1 和 α_2 的符号以及显著性的问题。

二　样本

本书采用了中国上市公司2004—2010年的数据作为样本[①]来进行回归分析，并对初始样本剔除了金融行业、ST企业以及数据缺失的企业。由于董事长和总经理是公司最重要的高管职位，因此本书又把样本分为董事长、总经理两个子样本，其中董事长子样本包含了1562个企业，总经理子样本包含了1906个企业。数据主要来源于国泰安数据库和CCER数据库。

三　变量

回归分析涉及的变量包括以下几方面。

（1）薪酬激励水平：本书采用董事长和总经理年度报告薪酬的自然对数 $\ln COM$ 作为其薪酬激励水平的代理指标。

（2）企业绩效：表征企业绩效的指标有很多种，但考虑到中国企业高管，尤其是国有企业高管薪酬激励薪酬中多采用净资产收益率指标 ROE，另外高管激励契约的另一个契约方——所有者所关心的还有股东获利能力，例如托宾Q值 $TOBQ$，所以本书选取这两个指标来代表企业绩效。

（3）政治激励：如上所述，本书使用了高管是否是人大、政协代表这一信息作为政治激励的代理指标，用虚拟变量 PI 表示，当 $PI=1$ 时表示高管是人大或者政协代表，当 $PI=0$ 时表示高管不是人大或政协代表。

（4）控制变量：由于高管的薪酬除了受到绩效的影响以外，还会受到企业规模、高管人力资本特征等多方面因素的影响；因此本书另外选取了几个控制变量进入模型，分别是：用企业总资产的自然对数 $\ln TA$ 表示的企业规模、高管的年龄 AGE（取值为1表示年龄在50以上，取值为0表示年龄在50以下）、性别 $GENDER$（取值为1表示性

---

① 样本时间区间的选取考虑了与第六章中样本选取的一致性。

别为男，取值为 0 表示性别为女）、是否兼任 *ADJUNCT*（取值为 1 表示董事长兼任总经理，取值为 0 表示没有兼任）以及任期 *TENURE*（用任职开始到报告期的总月数来表示）。

两个子样本的变量描述性统计如下：

表 7.1   描述性统计

变量	董事长子样本					总经理子样本				
	观测数	均值	标准差	最小值	最大值	观测数	均值	标准差	最小值	最大值
ln*COM*	5699	12.4025	1.0706	−0.1298	15.7253	8137	12.4759	0.8571	3.1860	15.6967
ROE	5638	0.0759	0.1718	−2.4356	0.6480	8065	0.0743	0.1620	−2.4356	0.6480
TOBQ	5543	1.7968	1.1100	0.7291	9.4156	7966	1.7726	1.1048	0.7291	9.4156
PI	5699	0.1479	0.3551	0	1	8137	0.0536	0.2252	0	1
ln*TA*	5698	21.4051	1.0753	18.9042	25.6734	8136	21.5319	1.1434	18.9042	25.6734
AGE	5597	0.4638	0.4987	0	1	8027	0.2603	0.4389	0	1
GENDER	5607	0.9518	0.2141	0	1	8031	0.9488	0.2204	0	1
ADJUNCT	5699	0.2293	0.4204	0	1	8137	0.1590	0.3657	0	1
TENURE	5442	19.0544	13.5390	0	227	8027	35.9022	99.4262	0	1331

第四节　实证结果与分析

一　对假设 7.1 的检验

本书先后用净资产收益率 *ROE* 和托宾 Q 值分别代入模型来衡量高管薪酬的绩效敏感性，为了考虑绩效对薪酬的滞后效应，还加入了滞后一期的绩效指标。考虑样本为时期较短的面板数据，可能存在影响绩效与薪酬之间关系的另外一部分没有包含在解释变量中的不可观测的因素，它不随时间变化，但随着公司的不同而变化，即个体固定效应。本书采用了固定效应模型进行估计，而且有研究者[1]指出，对

---

[1]　王志刚：《面板数据模型及其在经济分析中的应用》，经济科学出版社 2008 年版。

于时期 T > 2 的面板数据，离差变换估计法比一阶差分估计法更为有效，因此，本书采用的正是离差变换固定效应模型估计法。在回归时还考虑了异方差问题，计算了稳健的标准差。

对于董事长和总经理两个子样本，采用离差变换固定效应模型估计法得到的结果如下：

表 7.2　　　　　　　　　回归结果（1）

	董事长子样本		总经理子样本	
ROE	0.7267 ***		0.6115 ***	
	(5.24)		(6.02)	
L. ROE	0.2989 ***		0.2824 ***	
	(3.57)		(5.37)	
ROE × PI	0.4273		0.6467 **	
	(1.55)		(1.95)	
TOBQ		0.0476 ***		0.0552 ***
		(3.89)		(6.19)
L. TOBQ		0.0554 ***		0.0658 ***
		(4.18)		(7.22)
TOBQ × PI		− 0.0126		0.0629 ***
		(− 0.45)		(3.35)
lnTA	0.4163 ***	0.3899 ***	0.3928 ***	0.4077 ***
	(8.19)	(7.91)	(13.82)	(13.38)
ADJUNCT	0.1995 ***	0.2112 ***	0.1400 ***	0.1582 ***
	(3.07)	(3.22)	(2.89)	(3.39)
AGE	0.0389	0.0529	0.1274 ***	0.0853 **
	(0.62)	(0.82)	(3.88)	(2.23)
TENURE	0.0005	0.0007	0.0006 *	0.0004
	(0.36)	(0.54)	(1.73)	(1.51)
GENDER	0.1063	0.0793	0.0010	− 0.0277
	(0.63)	(0.48)	(0.01)	(− 0.27)
常数	3.3248 ***	3.8067 ***	3.8964 ***	3.4610 ***
	(3.04)	(3.58)	(36.45)	(5.49)
R^2	0.1380	0.1308	0.1731	0.1640

注：括号内为标准差。***、**、*分别表示在1%、5%、10%的水平上显著。

分析上述回归结果，首先可以发现，高管薪酬与绩效之间的确呈显著的正相关关系，即薪酬的绩效敏感性是显著的，只是敏感性水平有差异，用 ROE 测度的绩效敏感性要明显高于用 TOBQ 值测度的绩效敏感性，说明高管薪酬对会计绩效更敏感，而对股东获利水平相对不敏感；换言之，说明中国上市公司对高管的薪酬激励更倾向于与公司会计绩效相关联，而不是企业的股东获利能力或市场价值。进一步分析发现，当考虑高管的政治激励时，董事长和总经理的薪酬的绩效敏感性产生了不同的变化。从上述四个交叉项的系数可以看到，政治激励对董事长的薪酬的绩效敏感性的作用方向随着绩效指标的不同而不同，对于净资产收益率 ROE 的敏感性是正向促进作用，但不显著，而对托宾 Q 值的敏感性则呈反向影响，也不显著。这说明就本章的样本而言，董事长的政治激励与薪酬激励之间的关系是不确定的，无法观察到显著的替代关系或者互补关系。但对于总经理而言，则可以观察到政治激励对薪酬激励的显著正向促进作用，因为两个交叉项的系数都为显著的正值，说明政治激励的使用，使得总经理的薪酬的绩效敏感性增强了，政治激励对薪酬激励有互补效应。这样的结果使得我们对本章的假设 7.1 不能给出一个单一的结论，只能判断就总经理子样本而言，我们得到了与假设 7.1 一致的结论，即政治激励与薪酬激励之间是互补的关系。另外，从上述回归结果还可以看到，公司规模、高管是否兼任、总经理的年龄对高管薪酬的绩效敏感性有显著影响，公司规模越大、董事长兼任总经理、总经理年龄在 50 岁都对薪酬的绩效敏感性有正向的促进作用；而董事长的年龄、高管任期和性别对高管薪酬的绩效敏感性没有显著的影响，这与其他类似文献中的发现一致。

二 对假设 7.2 的检验

接下来是对假设 7.2 的检验，因为模型（7.2）的等号右边出现了被解释变量的滞后项作为解释变量，因此成为一个动态面板模型。本书采用了两阶段广义矩估计方法（GMM），用被解释变量两阶及以上的滞后项作为工具变量来对该动态面板模型进行了估计。由于考虑到前述回归分析时得到的净资产收益率指标 ROE 与高管薪酬的显著相关关系，这里只采用了 *ROE* 来进行分析。其结果如下表所示：

表 7.3　　　　　　　　　　回归结果（2）

	董事长子样本	总经理子样本
L. ROE	0.0763 **	0.1376 ***
	（1.90）	（5.33）
ln*COM*	0.0246 ***	0.0169 ***
	（2.37）	（3.25）
PI	−0.0093	0.0352 **
	（−0.69）	（2.04）
ln*TA*	0.0185 *	0.0417 ***
	（1.62）	（4.81）
AGE	−0.0116	−0.0147 *
	（−1.02）	（−1.85）
ADJUNCT	0.0021	0.0005
	（0.44）	（0.11）
TENURE	0.0003 *	−0.0000
	（1.37）	（−1.59）
GENDER	0.0210	−0.0287
	（0.92）	（−1.06）
AR^2 检验 P 值	0.3645	0.1340
Sargan 检验 P 值	0.6021	0.1693

注：括号内为标准差。*** 、** 、* 分别表示在 1%、5%、10% 的水平上显著。

从结果可以看到，高管的薪酬激励与企业绩效都有正向的相关关系，说明高管薪酬激励是发生作用的，但就政治激励而言，董事长子样本的检验结果表明它对企业绩效存在微弱的负向影响，但不显著，而总经理子样本的检验结果表明它和企业绩效有显著的正向相关关系，说明对总经理的政治激励是发挥了作用的，对董事长的则没有。由于是动态面板数据，本章还对回归模型的稳健性进行了检验，对于两个子样本回归模型，二阶自相关检验的 P 值分别为 0.3645 和 0.1340，说明不存在二阶自相关问题；工具变量有效性的 Sargan 检验 P 值分别为 0.6021 和 0.1693，说明 GMM 模型所采用的被解释变量的各阶滞后值作为其一阶滞后值的工具变量有效。本章还在模型中增加了考虑异方差的参数进行回归，其结果不存在性质上的差异。

第五节　本章小结

本章针对中国企业高管担任各级人大代表、政协委员的现象，提出了把这种政治身份看作一种政治激励，进而理解为使用了关系激励契约的结果，并用中国上市公司高管的薪酬、绩效以及有关数据检验了这种政治激励与薪酬激励之间的关系假说。结论显示，对于总经理子样本而言，政治激励与薪酬激励之间是互补关系的假设得到了验证；但对于董事长子样本，未能得到显著的结果。另外，本章还检验了这种政治激励和薪酬激励对企业绩效的影响，结果显示，对于总经理子样本而言，政治激励和薪酬激励都对企业绩效有正向的促进作用，而对董事长子样本而言，薪酬激励的正向作用显著，而政治激励的作用不显著。这说明目前中国企业的总经理若担任了人大代表、政协委员，其所受到的激励效果要比董事长更为显著，而且这种激励对薪酬激励存在显著的互补效应，能够使得薪酬激励的绩效敏感性更高，即激励效果更显著。存在这种差异的原因，可能受制于目前中国企业高管的选聘制度的影响，对于国有企业或者国有控股企业而言，被选为董事长本身就是一种重要的政治激励，因此是否当选人大代表、政协委员对董事长而言，其激励效果不如对于总经理那么显著。而总经理的选聘通常更容易使用市场机制，因此他们若能当选为人大代表、政协委员，其政治激励的意义更为重要，激励效果是显著的。

本章给我们的启示是，对于目前中国企业的总经理而言，能够当选人大代表或政协委员对其激励效果显著，因此应该更加重视在各个层次上选拔优秀的企业总经理成为人大代表、政协委员，这种政治激励的使用，能使得总经理现有的薪酬激励机制发挥更大的效率，从而带来更好的企业绩效。

另外，本章还发现中国上市公司高管薪酬激励跟公司会计绩效的关联度较高，而对股东获利水平相对不敏感，这与目前中国企业多采用会计绩效指标作为激励契约的绩效考核指标的实践相吻合。

第八章 关系契约论经验研究之四：
反腐与高管激励

在前文基于高管激励的关系契约论重新分析了在职消费、政治激励等高管激励形式的基础上，本章针对中国目前正在开展的反腐败斗争，指出因为反腐严格控制了高管的在职消费等通过关系契约获得的激励，对高管激励存在多重影响，随后对相关的假设进行了经验检验，进一步拓展了对高管激励关系契约论的认识。

第一节 引言

党的十八大以来，中国持续开展着一场声势浩大的反腐败斗争，其效果究竟如何，各界都在关注。理论界从宏观经济角度开展对反腐有效性的研究不少[1]，但从微观层面进行的分析并不多，特别是反腐究竟如何影响企业行为及其产出，还没有很好地被解释，而这一点对于更好地理解反腐的作用机制进而推进更有效的反腐非常重要。近期有一些启发性的研究，从企业的创新效率、资本配置、时间效应等角度来分析反腐的有效性，但结论还不十分明确[2]。比如 Ramirez 和 Huang[3] 就认

---

① Persson, A., B. Rothstein, and J. Teorell et al., "Why Anticorruption Reform Fails: Systemic Corruption as a Collective Action Problem", *Governance*, Vol. 26, No. 3, 2013, pp. 449 –471.

② Anokhin, S., and W. S. Schulze, "Entrepreneurship, Innovation, and Corruption", *Journal of Business Venturing*, Vol. 24, No. 5, 2009, pp. 465 –476.

③ Ramirez, C. D., and Y. Huang, "Corruption Scrutiny and Corporate Investment: Evidence from China", *SSRN Working Paper* 2590813.

为在长期视角下，中国的反腐可以为企业创造更自由、公平的内外部发展环境和条件，促进人才、资源向生产率高的领域配置，最终提高企业绩效；但短期内，反腐也可能带来政策不确定性影响企业投资决策。考虑到中国经济的转型特征和反腐的复杂性，对党的十八大以后反腐败斗争值得进行更深入的理论分析和经验检验。

本章尝试从与现有文献不同的角度，即高管激励的视角来分析反腐作用于企业的机制，并对其进行经验上的检验，以此对反腐的有效性做一定判断。党的十八大以后开展的持久深入的反腐败斗争，不仅深入各个层级的政府机构和官员之中，也延伸到了企业特别是国有企业，其力度之大、程度之深前所未有。反腐的目的是要形成领导干部包括企业高管"不想腐不能腐不敢腐"的机制，为中国经济的长期健康持续发展创造氛围，扫除障碍。而作为企业反腐败斗争主要对象的企业高管，其受到的影响和导致的行为是企业效率的重要影响因素。因此，从微观层面来看，反腐是否有效，是否能对企业效率产生正面影响，重要的一个判断视角就是看反腐如何影响高管激励和高管行为。本书正是从这个思路出发，进行了理论分析，并开展了经验检验。

本章的经验检验结论在微观层面支持了反腐有效的观点，因为结论显示虽然短期内反腐降低了高管的总激励水平和努力水平，使薪酬激励的效果减弱，却显著提高了高管薪酬的绩效敏感性。总体来看，反腐使高管薪酬激励更加有效，提高了公司治理水平，是对企业效率和长期发展产生正向影响的制度安排。本章为反腐有效性分析提供了一个新的视角，并用微观数据进行了证实，同时也充实了从政策干预角度分析高管薪酬激励问题的相关文献。本章为中国的反腐有效性提供了证据，也为如何进一步推进反腐提供了相关政策建议。

第二节　理论框架与研究假设

从微观公司层面对腐败问题开展研究作为一个新兴的热门领域，

暂时没有统一的研究范式，也没有统一的理论基础，其涵盖的研究问题十分宽泛，研究方法也千差万别，这恰好反映了腐败问题的复杂性和研究者们对它的高度关注①。作为现代经济的重要特征之一，腐败问题是研究者们必须面对的主题，不仅发展经济学、政治经济学等宏观领域一直将其作为关注的焦点，它也正逐渐成为公司治理、管理学、产业经济等微观领域研究的热点之一。

腐败对企业的影响和后果是这个领域重点关注的问题之一，但现有文献给出的答案还不完全一致，到目前为止至少有两种不同的理解：一种认为腐败是企业经营发展的"润滑剂"，另一种认为腐败是企业经营发展的"绊脚石"。前者认为，在市场环境欠发达或者经济自由度不够大的情况下，企业用一定程度的腐败作为成本来逃避低效的管制②③④，或者寻求一种替代性保护机制⑤，腐败对企业效率有一定正面影响；后者则认为腐败主要通过抑制创新、人才错配等降低了企业的生产率⑥，对企业效率产生了消极影响⑦⑧。依此推断，反腐对企业的影响也可能有两种结果，积极的或者消极的。从目前为数不多的反腐文献来看，大多数研究认为反腐有利于企业效率和发展，主要的观点是，既然腐败通常被看作利用公共资源获取私人利益，对企业而言，无论是企业外控制公共资源的官员或其他人员向企业索取贿

① De Jong, G., and H. Van Ees, "Firms and Corruption", *European Management Review*, Vol. 11, 2014, pp. 187 – 190.

② Heckelman, J. C., and B. Powell, "Corruption and the Institutional Environment for Growth", *Comparative Economic Studies*, Vol. 52, 2010, pp. 351 – 378.

③ Zhou, J. Q., and M. W. Peng, "Does bribery help or hurt firm growth around the world?" *Asia Pacific Journal of Management*, Vol. 29, No. 4, 2012, pp. 907 – 921.

④ 聂辉华、张彧、江艇：《中国地区腐败对企业全要素生产率的影响》，《中国软科学》2014 年第 5 期。

⑤ 李后建、张剑：《腐败与企业创新：润滑剂抑或绊脚石》，《南开经济研究》2015 年第 2 期。

⑥ Murphy, K. M., A. Shleifer, and R. W. Vishny et al., "Why Is Rent – Seeking So Costly to Growth?" *The American Economic Review*, Vol. 83, No. 2, 1993, pp. 409 – 414.

⑦ 徐细雄、刘星：《放权改革、薪酬管制与企业高管腐败》，《管理世界》2013 年第 3 期。

⑧ 周美华、林斌、林东杰：《管理层权力、内部控制与腐败治理》，《会计研究》2016 年第 3 期。

赂，还是企业内人员利用企业的公共资源攫取私人收益，都类似于被抽取了一种税或租金，这种税或者租金本质上就是一种比其他税有更大负面影响的交易成本。① 因此，反腐，即控制和减少腐败，能够降低企业的交易成本，对企业效率有正面影响。O'Toole 等② 则将其解释为反腐通过降低企业对官员的贿赂成本，提高了资本配置效率，所以有利于企业发展。另外，还有一些研究者从反腐推动企业创新的角度分析指出，反腐增加了企业谋求政治关联的相对成本，显著提高了企业的创新激励③，因此也必然为企业效率带来正面影响。同时也有一些研究者认为反腐对企业效率可能有短期负面影响，比如 Ramirez 和 Huang 就认为虽在长期视角下，反腐对企业发展是有利的，但短期内，反腐却因为其带来的政策不确定性影响企业投资决策，损害企业效率④。上述无论从投资还是创新视角，都只是将反腐看作一种外生变量来分析其对企业行为的影响，但事实上反腐作为政府干预或规制行为，对企业而言其实也是外部公司治理的重要构成，对企业行为的影响已然内生化。因此我们关注反腐对中国企业的作用机制和影响究竟如何，就必然需要尝试从公司治理的角度来重新分析。本章就试图从高管激励的角度来探究反腐如何通过影响企业高管激励和行为进而影响企业效率，并检验反腐究竟对企业效率产生了积极还是消极影响，以继续充实这一领域的文献。

为什么要从高管激励的角度考察反腐的有效性？首先，中国的反腐败斗争在企业层面重点针对的就是高管的不当行为。党的十八大以来的反腐败斗争，已查处超过数百名国有企业高管。查处的主要问题就是高管在重大问题决策、重要干部任免、重大项目投资决策、大额

---

① Murphy, K. M., A. Shleifer, and R. W. Vishny et al., "Why Is Rent – Seeking So Costly to Growth?" *The American Economic Review*, Vol. 83, No. 2, 1993, pp. 409 – 414.

② O'Toole, C. M., and F. Tarp, "Corruption and the Efficiency of Capital Investment in Developing Countries", *Journal of International Development*, Vol. 26, No. 5, 2014, pp. 567 – 597.

③ 党力、杨瑞龙、杨继东：《反腐败与企业创新：基于政治关联的解释》，《中国工业经济》2015 年第 7 期。

④ Ramirez, C. D., and Y. Huang, "Corruption Scrutiny and Corporate Investment：Evidence from China", *SSRN Working Paper* 2590813.

资金使用等决策方面的不当行为，还包括高管在企业重组改制、投资并购、产权转让、招投标、物资采购、广告业务等环节营私舞弊、收受贿赂、权钱交易的问题。除了对不当行为的严查和控制外，党的纪律机关又从党员自律性等方面对国有企业高管提出了更高要求。在国企反腐影响下，不少非国有企业也更加重视反腐工作，通过内部审计等手段加强了对高管行为的监督。这些反腐工作的目的是试图"将权力关进笼子里"，因为权力过大是企业高管易于腐败的重要原因①②。而对于一个企业而言，高管行为是公司绩效的重要影响因素，如果反腐真正能有效控制高管的权力和减少高管的上述不当行为，并从纪律监督上进一步增强高管的自律和内在激励，则高管们理应受到更强激励，减少腐败行为。这时，即使高管的薪酬水平不变，但由于不当行为减少、内在激励增强，薪酬激励的作用能得到更好的发挥，企业绩效能得到显著改善，这也是实施反腐的根本目的。不过，也存在另外一种可能，即高管们在严厉的反腐背景下，短期内由于权力受到约束，政治激励减弱，在职消费水平下降，即通过关系契约获得的激励显著减少，使高管的总体激励水平下降，可能恰恰会使薪酬的激励效应减弱，对绩效产生负面影响。同时，高管还可能会产生一定的消极情绪，采取明哲保身的态度，虽然腐败行为减少了，但在正常企业经营管理中也左右观望，小心谨慎，其结果同样是企业效率的降低而不是改善，当然这不是反腐希望得到的结果。现实究竟如何，需要通过经验检验来分析，才能为今后进一步推进反腐工作提供依据。如果上述第一种假设成立，即反腐有效，则反腐就能通过提升高管薪酬激励效果对企业绩效产生正向影响。针对这样的推断，本章实施的第一个检验就是对企业绩效模型进行检验，考察反腐是否影响了高管薪酬激励效果，进而更好地改善了企业绩效。这也是本章第一个层次的反腐有效性检验。

---

① 赵璨、杨德明、曹伟：《行政权、控制权与国有企业高管腐败》，《财经研究》2015年第 5 期。

② 周美华、林斌、林东杰：《管理层权力、内部控制与腐败治理》，《会计研究》2016年第 3 期。

假设 8.1：短期内，反腐会增强高管薪酬对绩效的正向影响

另外，考虑到中国转型经济的特征和国有企业的环境，过去在谈到国有企业高管薪酬激励问题时，大多数研究者都认为其效率不高[1]，主要体现就是高管薪酬的绩效敏感性不高。因为在代理理论（最优契约论）指导下，检验薪酬的绩效敏感性是判断激励是否有效的最主要方式。中国国有企业高管薪酬的绩效敏感性不高的原因主要被归结为制度不完善背景下的行业垄断、管理层权力、政治关联等因素[2][3][4][5][6][7][8]。那么反腐作为一种重要的外部政策干预，对薪酬的绩效敏感性的影响又如何也是本书关注的问题，如果反腐以后，高管薪酬的绩效敏感性提高，也能从另一个角度证实反腐的有效性。因此，本章的第二个假设就是针对高管薪酬模型检验反腐对高管薪酬的绩效敏感性是否存在显著正的影响，即分析反腐败斗争是否通过提高薪酬的绩效敏感性来提升高管激励效率。这也是本章对反腐有效性的第二层次的检验。

假设 8.2：短期内，反腐会增强高管薪酬的绩效敏感性

另外，考虑到中国的反腐败斗争针对的主要是国有企业高管，为了检验国有企业与非国有企业是否在反腐效果上存在差异，本章还将检验以下假设：

---

① Firth, M., P. M. Y. Fung, and O. M. Rui et al., "Corporate performance and CEO compensation in China", *Journal of Corporate Finance*, Vol. 12, No. 4, 2006, pp. 693–714.

② 陈震、丁忠明：《基于管理层权力理论的垄断企业高管薪酬研究》，《中国工业经济》2011 年第 9 期。

③ 黎文靖、岑永嗣、胡玉明：《外部薪酬差距激励了高管吗——基于中国上市公司经理人市场与产权性质的经验研究》，《南开管理评论》2014 年第 4 期。

④ 黎文靖、胡玉明：《国企内部薪酬差距激励了谁?》，《经济研究》2012 年第 12 期。

⑤ 刘慧龙、张敏、王亚平等：《政治关联、薪酬激励与员工配置效率》，《经济研究》2010 年第 9 期。

⑥ 刘星、徐光伟：《政府管制、管理层权力与国企高管薪酬刚性》，《经济科学》2012 年第 1 期。

⑦ 权小锋、吴世农、文芳：《管理层权力、私有收益与薪酬操纵》，《经济研究》2010 年第 11 期。

⑧ 唐松、孙铮：《政治关联、高管薪酬与企业未来经营绩效》，《管理世界》2014 年第 5 期。

假设 8.3：反腐对高管激励的影响在国有企业和非国有企业之间存在显著差异

本书针对的高管激励问题是公司治理的核心问题，重点是高管薪酬激励，因为薪酬是高管激励最重要的组成部分，也是最易于观察和检验的激励形式。但正如 Murphy 指出的，国际上大多数对高管薪酬激励的研究都聚焦于最优契约或者是管理层权力观点上，却忽视了政治气候、披露政策、税收政策等的作用和后果。Murphy 认为这些政府的干预既是对高管薪酬问题的反应，也是高管薪酬的重要驱动因素，任何对高管薪酬问题的解释如果忽视了政治因素都是不完全的。[①] 反观国内，近些年的研究也主要集中于高管薪酬激励约束机制效果的实证分析[②]以及高管薪酬激励和其他内、外部治理机制的相互作用上，只有不多的文献涉及外部政治干预对高管薪酬激励机制的影响，比如王春林等所讨论的国有企业纪委参与公司治理的问题[③]等。因此，从另一个角度来看，本书是将反腐作为一种重要的外部政治干预来分析它对企业内的高管薪酬激励的影响，也是遵循 Murphy 上述思路的一种有益探索。

第三节　研究设计

一　模型与估计方法

为了检验反腐如何影响高管薪酬的激励效果，本章在常用的绩效—薪酬模型基础上增加了反腐变量，以及高管薪酬和反腐之间的交叉项，来检验本章的假设 8.1。基本的绩效—薪酬模型反映的是薪酬

---

① Murphy, K. J. , "Executive Compensation: Where We Are, and How We Got There", *Handbook of the Economics of Finance*, Vol. 2, 2013, pp. 211–356.

② 李维安、邱艾超、牛建波等：《国际趋势与中国模式：公司治理研究的新进展》，《南开管理评论》2010 年第 6 期。

③ 王春林、陈仕华、姜广省等：《国有企业纪委的治理参与能否抑制高管私有收益?》，《经济研究》2014 年第 10 期。

对绩效的影响，薪酬作为最重要的激励方式，其激励效果就是通过绩效—薪酬模型中薪酬对绩效的显著正向影响来体现的。而在这个模型中增加反腐与高管薪酬的交叉项，就可以考察反腐以后或者随着反腐力度的增强，高管薪酬对企业绩效的正向影响如何变化。该模型表示如下：

$$Perf_{it} = \beta_0 + \beta_1 Pay_{it} + \beta_2 AntiCorrup_{it} + \beta_3 Pay \times AntiCorrup_{it} + \beta_4 Control_{it} + \varepsilon_{it} \tag{8.1}$$

其中 $Perf$、Pay 和 $AntiCorrup$ 分别表示企业绩效、高管薪酬和反腐的变量，$Pay \times AntiCorrup$ 是考虑反腐以后高管薪酬对企业绩效的影响变化的交叉项，也是本章关注的关键变量，如果这个变量的系数显著为正，则说明薪酬对绩效的正面影响在反腐以后增强，高管薪酬的激励效果提升了；如果这个变量的系数显著为负，则说明薪酬对绩效的正面影响在反腐后减弱，高管薪酬的激励效果被弱化了。模型中的 $Control$ 是其他影响企业绩效的控制变量，ε 是随机扰动项。

为了检验反腐影响高管薪酬的绩效敏感性，本章在常用的薪酬—绩效模型基础上增加了反腐变量，以及绩效和反腐之间的交叉项，以检验本章的第 2 个假设。基本的薪酬—绩效模型通过绩效对薪酬的变化的正向影响系数大小来表示薪酬对绩效的敏感性，增加绩效和反腐的交叉项，就可以考察反腐对该敏感性的影响，其模型表示如下：

$$Pay_{it} = \beta_0 + \beta_1 Perf_{it} + \beta_2 AntiCorrup_{it} + \beta_3 Perf \times AutiCorrup_{it} + \beta_4 Control_{it} + \varepsilon_{it} \tag{8.2}$$

其中各主要变量的含义与模型（8.1）相同，交叉项 $Perf \times AntiCorrup$ 检验的就是薪酬的绩效敏感性如何随着反腐的变化而变化，也是本章重点关注的关键变量。如果这个交叉项的系数显著为正，则说明反腐以后，薪酬的绩效敏感性增强了；若这个系数显著为负，则说明反腐以后，薪酬的绩效敏感性减弱了。

为了检验假设 8.3，本章使用双重差分（Difference – in – difference）模型进行了分析，即把反腐运动看作一项"自然实验"，将国有企业作为处理组，非国有企业作为参照组，考察反腐之后高管薪酬对国有企业绩效的影响、高管薪酬的绩效敏感性是否在国有企业发生了不同于非国有企业的变化，以进一步检验反腐在两类企业中的有效性的差异。其计量模型为：

$$Perf_{it} = \beta_0 + \beta_1 Pay_{it} + \beta_2 State_{it} + \delta_0 AntiCorrup_{it} + \delta_1 DID_{it}\beta_3 Control_{it} + \varepsilon_{it} \tag{8.3}$$

$$Pay_{it} = \beta_0 + \beta_1 Perf_{it} + \beta_2 State_{it} + \delta_0 AntiCorrup_{it} + \delta_1 DID_{it}\beta_3 Control_{it} + \varepsilon_{it} \tag{8.4}$$

其中 $State$ 是表示企业是否为国有企业的虚拟变量，若为国有企业，则其取值为 1，否则为 0。$AntiCorrup$ 是表示是否实施了反腐政策的虚拟变量，若实施了反腐，则其取值为 1，否则为 0，DID 即上述两个虚拟变量的交叉项，当其取值为 1 时表示为反腐后的国有企业，其系数就是本章重点关注的对象，它表征了排除其他影响之后，反腐对国有企业相对非国有企业的不同影响。

二　样本、变量与描述性统计

本章采用中国 A 股上市公司 2010—2014 年的面板数据作为样本，并按照最终控制人性质将总样本分为国有和非国有两个子样本，同时还去掉了金融行业和 ST 的公司样本，最终共收集了 2230 家上市公司的数据进行检验。

腐败的测度是腐败经验研究的一个主要障碍，在宏观层面，通常用透明国际的腐败感知指数等代表腐败水平的高低，但这样的指数主观性强，而且通常只适用于国家层面的比较分析。对于企业层面的研究，近年来国外研究者们开发出了问卷分析、实物审计、交叉检查等客观数据的收集方法[1]，但这些方法通常针对案例研究等特定情境，对于计量分析并不太适用。国内研究者聂辉华等[2]使用了各省每万名公职人员的贪污贿赂立案数来衡量地区腐败程度，这是目前使用最多的腐败测度指标，但受限于相关年鉴的出版时限，本章暂时借鉴国内

---

[1]　Gibbons, R., and J. Roberts, *Handbook of Organizational Economics*. Princeton：Princeton University Press, 2013.

[2]　聂辉华、张彧、江艇：《中国地区腐败对企业全要素生产率的影响》，《中国软科学》2014 年第 5 期。

学者党力等的方法①，主要用年度哑变量来表征反腐，另外，本章还将中纪委的年度报告披露的数据，即每年全国纪检监察机关收到的信访举报件（次）和立案件数以及全年给予党纪政纪处分人数作为反腐的测度指标代入计量模型进行了检验。

检验模型（8.1）、（8.2）、（8.3）、（8.4）所需的其他变量数据，本章参照其他主流文献做法，处理如下：高管薪酬使用的是上市公司前三名高管薪酬总额的对数，公司绩效主要采用的是会计绩效指标净资产收益率 *ROE*，在稳健性检验中还使用了总资产收益率 *ROA*、每股收益 *EPS* 等。绩效和薪酬模型的其他控制变量，则参照主流文献的做法，将可能影响企业绩效和高管薪酬的公司规模（用年度营业收入的对数表示）、财务杠杆（资产负债率）、增长机会（销售收入增长率）、董事长总经理是否兼任（用哑变量表示，取值 1 为兼任，0 为不兼任）、是否同时发行 AB 股（1 为是，0 为否）、第一大股东持股比例、最终控制人性质（1 为国有，0 为非国有）、公司所处地域（分别用表示西部 West 和中部 Central 的两个哑变量表示，1 为位于西部或中部，0 为不位于西部或中部）等作为控制变量代入了计量模型。回归中还控制了年度固定效应的影响，考虑到采用的个体效应模型一定程度上已经控制了行业特征的影响②，没有另外控制行业固定效应。本章采用的所有数据已去掉了 1% 的异常值，使用的计量软件是 Stata。

表 8.1 是中纪委数据表征的近年来的反腐力度，从中可以看到，党的十八大（召开于 2012 年 11 月）以后，即从 2013 年开始，反腐力度迅速加大，因此本章在设置表示反腐的哑变量时，将 2013 年以后取值为 1，表示实施了较强的反腐，而 2013 年之前取值为 0。

---

① 党力、杨瑞龙、杨继东：《反腐败与企业创新：基于政治关联的解释》，《中国工业经济》2015 年第 7 期。

② 连玉君、彭方平、苏治：《融资约束与流动性管理行为》，《金融研究》2010 年第 10 期。

表 8.1 反腐力度数据

	2010 年	2011 年	2012 年	2013 年	2014 年
接受信访举报件（次）数（件）	1427186	1346000	1307000	1950000	2720000
立案数（件）	139621	137859	155000	172000	226000
结案数（件）	139482	136679	154000	173000	218000
给予党纪政纪处分人数（人）	146517	142893	161000	182000	232000

资料来源：中纪委年度工作报告。

第四节 经验检验结果

一 对全样本的观察

本章首先用净资产收益率 ROE 作为因变量，对绩效模型（8.1）进行了检验，表 8.2 中的回归（1）的结果是用混合 OLS 方法得到的，但考虑到公司数量 N 大而时期 T 短的面板数据特征和可能存在个体固定效应，随后也采用个体固定效应模型进行了回归，结果显示在回归（2）中。此时哑变量是否同时发行 AB 股、是否位于西部或中部以及是否是国有企业是非时变的，在回归中因多重共线性被剔除，本章又针对这几个变量分别进行了分类回归，但本章重点关注的交叉项在各分类回归中的符号性质并没有发生改变，不影响检验的结论。另外，考虑到时间因素可能产生的固定效应，本章在不单独控制表示腐败的年度哑变量的情况下，进一步采用双向固定效应模型进行了检验，结果如回归（3）所示。从表 8.2 可见，不管采用哪种方法得到的薪酬与反腐的交叉项的系数都是负的，而且用两种固定效应模型得到的结果都十分显著。直观来看，这个结果说明反腐并没有提高薪酬对绩效的正面影响，反而是降低了薪酬对绩效的正向影响；换言之，观察期内，反腐使高管的总体激励减弱，在控制其他因素后，同样的薪酬水平带来的绩效水平下降了。这符合前述假设的第二种分析，即在反腐背景下，高管通过关系契约获得的激励减弱，整体激励水平下降，致使高管努力水平降低，甚至是采取了消极态度和明哲保身的策略，或是抵触、观望或懒政怠政，致使企业绩效变差，这是与反腐的目标背道而驰，但又不得不面对的现实，其最终结果就是影响了企业经营发展。正如李克强总理在 2015 年的《政府工作报告》中指出的，"为官不为，懒政怠政也是一种腐败"，说明短期内反腐带来的另一种隐性腐败是有损企业效率的。而且，结合现实观察可以发现，这种高管变得消极、谨慎，努力水平降低的现象的一个重要原因就是反腐不仅约束了高管的不当行为，还通过"八项规定"等具体措施约束了高管的在职消费等非薪酬激励。当这些通过关系契约获得的非薪酬激励受到抑制时，在同样的显性激励即薪酬激励水平下，已无法带来同样的绩效水平，高管的薪酬激励被弱化了。这个结果与 Ramirez 和 Huang 认为短期内反腐因其带来的政策不确定性损害企业效率的发现实质是一致的。而对于反腐实践而言，上述两种情况都需要通过反腐工作的长期深入持续开展来改变，让高管们认识到反腐不只是一时的政策或短期行动而是长期战略，才能使他们从根本上转变其工作态度和行为，使反腐的正面作用持续发挥。从这个第一层次的检验来看，其结果与本章的假设 8.1 相反，即短期内反腐并没有提升高管薪酬激励效果，反而使其下降，对企业绩效产生了负面影响。

表 8. 2　　　　　　　　　　　　对假设 8.1 的检验结果

自变量	回归（1）		回归（2）		回归（3）	
	系数	t 值	系数	t 值	系数	t 值
Pay	0. 0343 ***	13. 87	0. 0255 ***	6. 27	0. 0372 ***	6. 85
$Pay \times AntiCorrup_{it}$	− 0. 0015	− 0. 41	− 0. 0069 ***	− 2. 45	− 0. 0088 ***	− 2. 76
$AntiCorrup$	− 0. 0032	− 0. 06	0. 0711 *	1. 79		
REV	0. 0125 ***	9. 35	0. 0344 ***	11. 83	0. 0409 ***	6. 85
$Lever$	− 0. 0913 ***	− 9. 87	− 0. 1657 ***	− 13. 15	− 0. 1630 ***	− 6. 59
$Share$	0. 0003 ***	4. 34	0. 0016 ***	6. 51	0. 0017 ***	3. 55
IRR	0. 0058 ***	8. 27	0. 0041 ***	6. 29	0. 0037 ***	3. 52
$Concur$	− 0. 0009	− 0. 35	0. 0068	1. 50	0. 0074	1. 21

续表

自变量	回归（1）		回归（2）		回归（3）	
	系数	t 值	系数	t 值	系数	t 值
AB	0.0033	0.56				
Centra	0.0025	0.85				
West	0.0008	0.26				
Control	-0.0053 **	-2.27				
*Year*2011					-0.0194 ***	-6.39
*Year*2012					-0.0374 ***	-10.33
*Year*2013					0.0794 *	1.73
*Year*2014					0.0681	1.49
常数项	-0.6371 ***	-17.54	-0.9956 ***	-14.21	-1.2714 ***	-9.92
Ad-R^2	0.1306		0.1571		0.1666	
F 检验的 P 值			0.000		0.000	

注：*、**和***分别表示在10%、5%和1%的水平上显著。

随后，采用同样的方法，本章对薪酬模型（8.2）进行了检验。结果表8.3所示，可以看到被关注的绩效与反腐变量的交叉项的系数为显著的正值，也就是反腐使得薪酬的绩效敏感性显著提高了。换言之，反腐以后高管的薪酬水平更加注重与绩效的相关性，相对此前一直备受诟病的高管薪酬与绩效相关性不足的问题，可以看到反腐使高管薪酬水平的确定更加符合"最优契约论"的要求，高管激励更有效了。这个发现与本章的假设8.2是一致的。从这个层面上来看，反腐通过提高高管薪酬的绩效敏感性提高了高管激励的效率，证实反腐是有效的制度设计。

表8.3 **对假设8.2的检验结果**

自变量	回归（4）		回归（5）	
	系数	t 值	系数	t 值
ROE	0.1564 ***	3.87	0.2431 ***	4.48
ROE * *AntiCorrup*$_{it}$	0.1285 **	2.27	0.1232 ***	1.88

续表

自变量	回归（4）		回归（5）	
	系数	t 值	系数	t 值
AntiCorrup	0.1363 ***	19.44		
REV	0.2209 ***	26.68	0.1748 ***	10.32
Lever	− 0.0931 ***	− 2.48	− 0.0819	− 1.18
Share	− 0.0009	− 1.33	− 0.0001	− 0.05
IRR	− 0.0103 ***	− 5.34	− 0.0082 ***	− 3.10
Concur	0.0547 ***	4.12	0.0475 ***	2.72
Year2011			0.1074 ***	12.43
Year2012			0.1735 ***	17.31
Year2013			0.2223 ***	18.62
Year2014			0.2794 ***	20.80
常数项	9.346915 ***	53.90	10.1857 ***	28.77
$Ad - R^2$	0.2378		0.2460	
F 检验的 P 值	0.000		0.000	

注：* 、** 和 *** 分别表示在 10%、5% 和 1% 的水平上显著。

二　对国有、非国有企业的双重差分模型检验

在上述检验基础上，为了进一步检验反腐对国有企业和非国有企业的影响的差异，本章随后检验了模型（8.3）和（8.4），结果显示如表8.4所示。从结果可以看到，对于绩效模型，表示国有企业与非国有企业差别的交叉项 *DID* 为显著的负值，而对于薪酬模型，这一交叉项也为负值，但不显著。这说明，在前面的检验中所观察到的因反腐导致的高管努力水平的下降，在国有企业比非国有企业更为显著，而反腐带来的高管薪酬绩效敏感性的增强在两类企业没有显著差异。这与现实的观察也是一致的，因为反腐的直接对象通常是国有企业高管，因此这个群体抵触、观望情绪和懒政怠政现象最明显，其在职消费等自利行为也被约束得更多，而高管薪酬绩效敏感性的增强可以看作反腐对整个经济的综合效应，因此在国有企业和非国有企业没有呈现显著差异。

表 8.4   对假设 8.3 的检验结果

自变量	回归 (6)		回归 (7)	
	系数	t 值	系数	t 值
Pay	0.0337***	19.03		
ROE			1.1279***	19.03
State	−0.0010	−0.34	0.0115	0.67
AntiCorrup$_{it}$	−0.0209***	−7.83	0.1608***	10.42
DID	−0.0104***	−2.32	−0.0093	−0.36
REV	0.0125***	13.31	0.2271***	45.86
Lever	−0.0914***	−16.70	−0.3506***	−10.97
Share	0.0003***	3.96	−0.0026***	−6.20
IRR	0.0058***	10.71	0.0100***	3.13
Concur	−0.0009	−0.33	0.0571***	3.70
AB	0.0034	0.63	0.2169***	7.01
Central	0.0025	0.89	−0.2674***	−16.53
West	0.0009	0.29	−0.2220***	−12.68
常数项	−0.6301***	−27.51	9.3803***	96.50
Ad − R^2	0.1322		0.3090	

注：*、**和***分别表示在10%、5%和1%的水平上显著。

三　进一步的解释

对假设 8.1 的检验得到的结论是反腐以后，短期内高管受到的总的激励水平下降，因此努力水平降低，使高管薪酬对绩效的正向影响下降，高管薪酬激励对企业绩效的正向影响被弱化了；对假设 8.2 的检验得到的结论是反腐以后薪酬的绩效敏感性增强，高管激励的有效性提高。进一步思考可以发现，这两个结论的实质是一致的。考虑到高管所受到的不仅仅是正式的薪酬激励，还有政治激励、在职消费等各种关系契约激励，而反腐败斗争短期内恰好削弱了政治激励的力度，抑制了高管在职消费，因此在同样不变的薪酬激励水平下，高管总的努力水平必然降低，这时同样的薪酬水平已无法产生与反腐前同样的绩效水平，薪酬激励的效果减弱了。当因关系契约获得的激励减弱时，企业若要提高薪酬激励的效果，就必然需要提高薪酬的绩效敏感性，即让高管薪酬更大程度上由绩效水平来决定，这也正好符合"最优契约论"的要求，从长期看，是真正能够提升企业绩效的高管激励的最优选择。因此，总体而言，反腐虽短期内弱化了高管薪酬激励的效果，但是却通过提高高管薪酬的绩效敏感性，提升了高管激励的效率，有利于企业效率长期的改善，因此反腐是有利于企业长期发展的制度安排。

从管理层权力理论的角度来看，高管通过自利行为获取私有收益、超额在职消费等非薪酬激励通常是管理层权力没有受到良好约束的一种表现，也是效率较低的一种激励，而反腐通过约束高管的权力和自利行为减少了非薪酬激励，使高管激励更加倚重客观的绩效指标，更加有效；这也是提高公司治理水平的一种正确选择，最终也必然提高企业绩效，促进企业发展，从这个角度的分析也支持了反腐提高企业效率的观点。

第五节　稳健性检验

为了检验研究的稳健性，本章使用全国纪检监察机关 2010—2014 年每年接受信访举报的件（次）数、立案数、结案数和给予党纪政纪处分人数替代反腐的年度哑变量，用双向固定效应模型对模型（8.1）和（8.2）进行了重新检验，其中以接受信访举办总件（次）数为代理变量为例，其检验结果如下表 8.5 所示，可以看到与之前用年度哑变量检验的结果是类似的。随后，本章又用其他绩效指标如每股收益 EPS、总资产收益率 ROA、托宾 Q 值 $TOBQ$ 替代净资产收益率 ROE 代入模型进行了检验，各主要观察变量的结果仍然是类似的。而且无论更换为哪种变量，对国有企业和非国有企业进行的双重固定效应模型检验，其结果也与之前的检验一致。另外，考虑到薪酬对绩效可能的滞后效应，本章使用前一期的高管薪酬作为自变量代替当期薪酬代入绩效模型，或者考虑绩效对薪酬可能的滞后效应，使用前一期的绩效作为自变量代替当期绩效代入薪酬模型，所得到的检验结果依然没有改变。因篇幅所限，未能将所有稳健检验结果在此列出，但可见前文所作的检验均是稳健的。

表8.5 稳健性检验结果

自变量	回归（8）		回归（9）	
	系数	t值	系数	t值
Pay	0.2357***	3.11		
ROE			−2.8414*	−1.67
*Pay * AntiCorrup$_{it}$*	−0.0141***	−2.67		
*ROE * AntiCorrup$_{it}$*			0.2186*	1.85
REV	0.0408***	6.81	0.1746***	10.29
Lever	−0.1630***	−6.60	−0.0819	−1.18
Share	0.0014***	3.56	−0.0001	−0.05
IRR	0.0038***	3.53	−0.0082***	−3.09
Concur	0.0075	1.22	0.0473***	2.71
Year2011	−0.0308***	−5.64	0.1086***	12.50
Year2012	−0.0546***	−6.99	0.1751***	17.43
Year2013	0.0172	0.73	0.2264***	19.87
Year2014	0.0722	1.48	0.2789***	20.53
常数项	−1.2569***	−9.75	10.1896***	28.74
Ad − R^2	0.1672		0.2459	

注：*、**和***分别表示在10%、5%和1%的水平上显著。

第六节　本章小结

本章从高管激励的角度考察并证实了中国正在持续开展的反腐败斗争在微观企业层面的有效性。经验研究的结果显示，虽然短期内反腐败斗争的监督作用因为减少了高管获取的在职消费等通过关系契约获得的非薪酬激励，而降低了高管受到的总体激励水平和努力水平，使高管薪酬的激励效果被弱化。但是，与此同时，反腐却显著提高了高管薪酬的绩效敏感性，即反腐之后高管薪酬水平更加体现了企业绩效的决定作用，这正是"最优契约论"所倡导的提高高管激励效率的有效措施。总的来看，反腐运动在短期内虽然弱化了高管薪酬激励效果，但是显著提升了高管薪酬的绩效敏感性，提高了高管激励的有效性，提升了公司治理水平，是有利于企业长期发展的制度安排。这也支持了前面章节的分析，即应该加强对在职消费等高管通过关系契约获得的非薪酬激励的监管，通过限制、披露等措施，可以提高高管激励的整体效率。同时，本章的分析也充实了 Murphy 提出的从政策干预角度理解高管薪酬激励的问题的相关文献，结果显示，政策干预是高管薪酬激励的重要影响因素，而且其影响机制是复杂的，值得进一步的探究。

另外，进一步的检验还发现，短期内国有企业高管努力水平的降低相对非国有企业更为显著，说明短期内反腐因在国有企业实施力度更大，带给其高管的冲击更强，使得这个群体通过自利行为获取超额非薪酬激励的机会减少，进而造成的观望、抵触情绪或懒政怠政带来的努力水平的下降更显著。因此，反腐应该着眼于长期坚持，重点仍然在国有企业，不仅要禁止国有企业高管的各种不当行为，还要让国有企业高管意识到反腐不是短期行为，同时通过党的纪律机关和制度安排，增强其自律和内在激励，进而扭转其观望、懒政怠政的工作态度，使反腐提高高管激励效率的正面作用能够持续发挥，最终起到提高国有企业效率、改善整体经济的效果。

第九章　中国文化与公司治理中的"关系"研究

　　提出分析高管激励问题的"关系契约论"新框架，需要深刻阐释"关系契约"的概念，以及与相关概念的联系与区别。从本书前面章节叙述来看，"关系契约"是一个最初源自法学理论进而被引入新制度经济学的概念。但是提到"关系"二字，特别是在中国情境的研究中，则需要对"关系"进行更多剖析，因为在国内外学术界，"关系"（Guanxi）问题的研究很长时间以来都是社会学、管理学中关于中国情境的一个特定的有趣的主题。"关系"虽是源自社会学的一个概念，但在公司治理研究中，也已有大量文献关注，尤其近些年来在文化等非正式制度视角下的公司治理研究中①，对"关系"的关注特别多。在这些文献中，"关系"被认为是中国社会个人之间和组织之间的有重要意义的一个文化特征。关系不仅指具体的人际关系，也是一种社会网络（Luo et al.，2012），一旦两个人建立了关系，其中一个人就可以从另一个人那里要求帮忙，所以关系是基于这种"债"在未来的某个时间能被偿还的期待（Yang，1994）。本质上看，关系是一种信念、一种文化。特别是在当下，在文化与公司治理的研究中，关系是一个不能忽视的主题。本章将对文化与公司治理的相关研究进行简要评述，并在此基础上，进一步厘清公司治理研究中的"关系"研究和本章所开展的关系契约研究的区别与联系。

---

① 文化对中国经济包括对公司治理的影响是近年来新制度会计学等新兴领域重点关注的主题，相关研究方兴未艾。

第一节　引言

文化对经济产出有重要影响早就在经济学界达成了共识（Casson，1993；Guiso et al.，2006；Throsby，2001），但其具体的作用机制一直没有得到很好的解释，主要原因之一是文化量化研究的难度大。随着霍夫斯泰德提出的文化维度理论等各种测度工具的出现和发展，国际主流经济学对文化的研究才逐步活跃起来。同样的，虽然 La Porta 等学者很早就指出公司治理机制除了受到法律等正式制度的影响外，和国家文化特征之间也存在密切联系（La Porta et al.，1998），但这种思想直到近些年才在文化测度工具的帮助下得到了大量研究的证实。由于主流的文化测度工具刻画的是国家层面的文化特征，所以现在这个方向的主要研究范式仍是从文化视角解释公司治理的跨国差异（Aguilera and Jackson，2010），但由此激发了研究者们对文化与公司治理研究的兴趣，促使文化影响公司治理的微观机制的研究快速发展起来，其中，中国文化对公司治理的影响，尤其受到越来越多的国内外研究者的关注。

中国文化博大精深，与西方文化比较特色鲜明，影响深远，对中国、东亚地区经济崛起起到了不容忽视的作用（Licht，2014），但是以儒家文化为核心的中国文化如何影响公司治理，其相关研究则起步不久。在公司治理领域一直有关于各个主要的治理模式长期内是否收敛的争论，而中国文化情境下的东亚公司治理模式正是其中之一，这种讨论必然需要考虑文化的影响（Licht et al.，2005）。正如杨典指出的，最好的公司治理其实应该是契合特定社会、政治、文化等制度环境的一个"建构"结果（杨典，2013），更好地理解公司治理究竟如何与中国文化环境相契合对回答上述争论很重要。另外，当前在中国复兴背景下，中国文化对公司治理影响研究的本土化和国际化意义重大。这些因素都激励着研究者们在这个领域不懈的努力。

文化的内涵极其丰富，中国文化尤其如此。为了更好地从经济学的角度理解文化的概念，本书提出了一个文化的三维度理论框架，即从价值观、规范、网络三个维度来理解文化，并基于这个框架梳理和评述了近些年研究中国文化如何影响公司治理的主要文献，包括"关系"研究的主要内容。本书的综述发现，现有文献证实中国文化包括"关系"，不仅深刻影响了东亚和中国公司治理模式的发展和演进，而且对公司治理的微观机制，尤其是内部治理机制产生了深刻影响，但对外部治理机制的影响还有待进一步探索。

第二节　文化的三维度理论与中国文化

一　文化的定义

对于文化，西方主流经济学普遍认同的一种定义是"民族、宗教和社会团体一代一代不变地传承的共同信念和价值观"（Alesina and Giuliano，2015；Guiso，Sapienza and Zingales，2006）。国内学者对文化的解释也与此一致，核心是将文化看作一种"预期和信念"，是特定人群共同遵守的社会规范（张维迎，2001）。

在很长的时间里，文化都不是经济学关注的研究对象。即使在Williamson定义制度经济学，给出社会分析的四个层次时，他也认为文化是正式和非正式制度所"嵌入"的那一个最基础的层次，不属于制度经济学而主要是经济史、经济社会学的研究范畴。对于主流经济学来讲，文化通常被认为是外生给定的（Williamson，2000）。随着心理学等其他社会科学领域提出新的文化理论框架，使文化变得易于测度后，才促使经济学开始了对文化的更多研究。

目前国际上应用最多的文化理论框架包括霍夫斯泰德（Hofstede）的文化维度理论和斯维茨（Schwartz）的文化水平分析理论等。其中霍夫斯泰德的文化维度理论把文化归纳为六个基本的价值观维度：权力距离、不确定性的规避、个人主义/集体主义、男性化/女性化、长期取向/短期取向、自身放纵/约束。随着这些工具的广泛应用，国际上包括公司治理在内的很多领域才在文化研究上取得了长足的发展。

二　文化的三维度理论框架和中国文化

从前述文化的定义来看，文化的本质是信念和价值观，但从经济学研究的角度来看，研究者更关注的是文化塑造个体思维、影响个体偏好、规范个体行为，进而影响个体和组织决策和行动，影响经济产出的作用（Guiso，Sapienza and Zingales，2006），而且这种作用主要是经由社会网络来实现的。结合公司治理研究文献对文化的多元化考察视角，为了更系统地理解文化的概念，本书将文化归纳为三个维度，即价值观维度、规范维度、网络维度。通常被研究者们关注的文化的各种特征，都是文化在这三个维度上的具体体现。前述国际主流的文化维度理论主要是从价值观维度对各国文化特征进行了剖析。

中国传统文化是以宗法家庭为背景、以儒家伦理思想为正统和核心的文化价值体系。中国传统文化在漫长的内生化过程中形成了中国独特的传统"文化网络"，这是中国传统文化的一大特色，也是传统文化在社会结构中发挥巨大威力的根本原因（蔺子荣等，1995）。基于此，从上述三个维度上，可以这样来理解中国的文化：首先，中国文化的价值观维度体现在思想信念上，就是以儒家思想为核心，儒家思想的崇尚权威、重视家庭等价值观就是中国文化在价值观维度上的具体体现和特征。其次，中国文化的规范维度可以从其伦理、宗教特征上得到体现，中国文化的重要组成部分，包括儒家伦理、儒释道精神等就是这一维度的主要特征，这些中国文化要素对公司治理的影响研究正在成为该领域的一个重要分支。最后，中国文化的网络维度上也有非常鲜明的特征，即中国的"关系"文化，这也是研究公司治理问题的中国情境时的特别主题，一直以来就备受关注。本章接下来从价值观、规范、网络三个维度对近期中国文化对公司治理影响研究的主要成果进行评述。

第三节　中国文化包括"关系"
如何影响公司治理

一　中国文化的价值观维度对公司治理的影响

（一）霍夫斯泰德的文化维度理论视角

霍夫斯泰德的文化维度理论主要就从价值观维度分析了各国文化，根据其研究结果，中国文化在权力距离、长期取向维度的得分较高，在不确定性规避、个人主义、自身放纵维度上得分较低，中国文化表现出显著的高权力距离、强长期取向、重集体主义、低不确定性规避、弱自身放纵特征（Hofstede，2017）。

很多研究者使用这一文化维度理论对不同国家的公司治理体系的演变和差异进行了研究，Griffin就指出国家文化的个人主义和不确定性规避维度大概解释了公司治理90%的国家层面的差异（Griffin et al.，2017），这间接解释了中国公司治理模式与其他国家的差异主要源于文化的不同特征。还有一些研究使用该文化维度理论分析了文化对具体的尤其是内部公司治理机制的影响。例如，Boubakri等研究了文化如何影响政府所有权在私营企业中的影响力，结果发现，在集体主义特征更显著的背景下，政府所有权有更大的影响力（Boubakri et al.，2016）；对于控制权和控制权收益问题，Salzmann和Soypak（2017）的研究发现权力距离与控制权私有收益的攫取是正相关的；Zhang等（2013）则发现，相对个人主义特征的国家，在集体主义文化特征的国家，控制权私有收益更高；朱国泓和杜兴强则针对中国企业指出，中国崇尚权威的文化传统是上市公司控制权逐步向那些已经掌握公司控制权的少数个人甚至是特定个人集中的重要原因（朱国泓等，2010）。这些研究给中国企业的政府所有权影响力、控制权私有收益问题和内部人控制问题提供了文化视角的解释。

（二）儒家思想的价值观视角

虽然霍夫斯泰德等的文化维度理论是国际上主流的文化研究工

具，但仍有不少学者，尤其是中国学者，从中国文化自身的价值观视角出发，研究了中国文化对公司治理的影响。中国文化的价值观基础是儒家思想，所以研究者们的起点是分析儒家思想对公司治理的影响，而且大多数文献都给予了儒家思想以积极的评价，认为它可以缓解现代企业的代理问题，对公司治理有正面影响。

儒家思想究竟如何影响公司治理？有一些分析立足于儒家思想与其他公司治理影响因素之间的相互作用，比如 Allen 等（2005）就认为在儒家思想影响下形成的成熟的基于声誉、隐性契约关系和合作的制度，是中国企业发展的重要原因。LLSV 的研究则认为儒家思想通过提高社会信任水平来影响中国的微观经济和公司治理（La Porta et al.，1997）。

另外有不少研究专注于儒家思想对具体公司治理机制的影响，比如夏永强就认为儒家思想在企业激励机制的建立和运作上发挥了不容忽视的精神基础和规范作用（夏永强，1996），Du 等最近的研究使用中国上市公司的数据分析发现，儒家思想和董事会性别多样化是负相关的，那些存在于强儒家文化氛围中的企业的董事会女性董事的比例要显著弱于那些弱儒家文化氛围中的企业，说明儒家思想体系对女性在公司治理中的地位有重要影响（Du，2016）。Du 的另外一项研究则发现，儒家文化与小股东侵占行为显著负相关，说明儒家文化可以显著减轻控制股东和小股东之间的代理冲突（Du，2015）。沈艺峰和陈旋的研究则用儒家的中庸思想，解释了外部独立董事的薪酬现象，其实证结果发现，对于中国企业，无论是在一定地理范围内、同行业或一定规模上，上市公司在外部独立董事薪酬决定时均存在显著的"互相看齐"效应，即出现向地理上的中间距离、同一或相关行业或中等规模公司看齐的现象，这符合在利益分配上的中庸思想（沈艺峰等，2016）。何轩和李新春的实证研究也指出，在中国家族企业中，企业家的中庸理性在家族意图和控制权配置的关系中起着显著的调节作用（何轩等，2014）。徐细雄等最新的研究表明，儒家文化对企业创新具有明显的"促进效应"，即企业受到儒家文化的影响程度越强，其专利产出水平显著越高。进一步检验揭示，儒家文化主要通过缓解企业代理冲突、提高人力资本投资水平和降低专利侵权风险三条渠道影响企业创新。而且，非正式制度的儒家文化和正式制度的法律环境在促进企业创新方面存在相互替代功能。特别是儒家文化的全员辐射效应有利于激发全体员工创新热情，进而提升技术创新成果的实际转化效率，增强专利技术对企业经营绩效的边际贡献（徐细雄等，2019）。另外，潘越等（2020）最新的研究表明，儒家文化越浓厚的地区，高管的在职消费越少，高管自身的节俭意识和市场较高的道德约束是两条潜在的影响渠道。陈仕华等（2020）的研究表明，受儒家文化影响越强的企业，其高管—员工薪酬差距越小。

（三）从泛家文化的视角

在中国文化的价值观维度上，在儒家思想基础之上，中国文化的一个重要特征是对家族和家庭的重视，不少学者认为正是这种泛家文化造就了东亚和中国特色的公司治理。比如曹德春（2006）就认为正是这个文化特征决定了适应中国国情的公司治理模式是家长式治理模式。姜彦福（2001）也指出，东亚各国包括中国的公司治理制度变迁之所以具有鲜明的家族特色，主要是受具有深厚文化底蕴的儒家思想影响，体现出强势的纵向非正式契约和相对弱势的横向正式契约的特征。曲扬也解释到，儒家思想主张维系封建家长制下的和谐，其结果是人们更愿意依赖人际关系而不是规章制度去解决问题，在这样的文化背景下，人们比较服从于权威，相应地，在公司治理模式方面表现为：股权相对集中、内部人控制现象相对突出、新老三会的交替冲突、激励机制不健全等（曲扬，2005）。蒋神州（2010）甚至指出中国的泛家文化是公司治理中的合谋行为的"沃土"。

在分析具体的公司治理机制时，很多学者从泛家文化视角，特别关注了东亚和中国的家族企业治理模式。比如，吕洪霞和丁文锋指出，东南亚诸国正是在儒家家族传统观念基础上，建立了以家族为代表的控股股东主权模式（吕洪霞等，2006）。苏启林、甄红线等也指出，儒家思想使得中国人在个人道德生活和行为中，以家族为最重要的中心，从"修身齐家"到"治国平天下"，使东亚国家的家族企业所有权、控制权和家庭三者密切重叠，企业管理文化中具有浓厚的家长制的组织气氛，儒家文化背景同经济制度、经济发展水平一样影响了这种终极所有权结构的形成（苏启林等，2005；甄红线，2011）。对于中国家族企业而言，何轩和李新春的实证研究也指出，家族意图对股权配置有显著的影响作用（何轩、李新春，2014）。

二　中国文化的规范维度对公司治理的影响

（一）从宗教的视角

文化的规范维度重点体现在宗教上，宗教是文化与公司治理研究中常用的一个文化的代理变量，宗教对公司治理的影响正是近些年的研究热点。不少学者的研究发现，宗教作为一种伦理规范，对公司治理有着可证实的积极影响，针对中国的实证研究虽不多，但结论也是如此。

朱国泓和张璐芳（2013）、贺建刚（2015）综述了国外关于宗教与公司治理的研究，均指出针对中国的宗教与公司治理的文献缺乏，研究有待深入。目前，陈冬华、杜兴强是国内研究宗教与公司治理关系的代表性学者之一。陈冬华等（2013）检验了中国上市公司所在地的宗教传统对其公司治理的影响，结果发现，上市公司所在地的宗教传统越强，其越少发生违规行为，也更少被出具非标准审计意见；宗教传统也能够显著抑制上市公司的盈余管理。并且，上述关系在法律制度环境较好的地区更为明显，表明法律制度（正式制度）与宗教传统（非正式制度）存在一定的互补关系。Du 近期开展了一系列研究分析宗教对中国企业公司治理的影响，其在 2014 年的一个研究专门讨论了佛教与中国企业的"隧道行为"的关系，结果发现企业所在地的佛教影响和企业的"隧道行为"呈显著负相关，说明佛教作为一套行为规范或者替代机制可以缓解控股股东的不道德的"隧道行为"。Du 的另一个研究还发现，在中国，宗教（佛教和道教）与所有者—经理人代理成本显著负相关，说明在中国，宗教对个人思维和行为有显著影响，可以约束经理人的非道德行为（Du，2013），其另外一项研究还发现有宗教信仰的家族企业家更愿意参与政治事务（Du，2017）。

（二）从儒家文化的规范视角

儒家思想是中国人价值观的基础，同时也体现出强大的规范功能，所以中国文化的规范维度对公司治理的影响，除了宗教视角外，很多学者也从对儒家文化的诸多要素的分析着手，而且基本一致的认识是对公司治理有积极影响。比如，Chan 和 Young（2012）的研究就认为，儒家的核心思想"三纲五常"鼓励企业家和管理者采取更高的行为标准，即成为君子的标准，这一思想作为治理了中国商业数个世纪的非法律机制，比法律的要求更高、更受重视，这些自我规制的治理措施作为一种宏观的"实践社区"，对公司治理等机制具有很深的影响。类似地，古志辉（2015）分析的儒家强调"慎独"的"修身"观念，正是儒家高行为标准的一种体现，他认为，尽管儒家没有提炼出代理成本的概念，但已经观察到代理人的行为可能导致的效率损失，因此通过向代理人灌输"慎独"的"修身"观念提高其自律性，从而减少监督支出，同时又要求代理人遵守"忠信"的职业伦理和"义利"观，最终达到减少代理人保证支出和事后的剩余损失的目的。因此，随着儒家影响力的增强，公司的代理成本随之降低。另外，吴晓和刘世林（2011）也从"规则文化"视角，用美国安然事件和中国国美事件进行比较实证分析，指出中国受儒家文化影响所形成的社会的"规则文化"与美国等成熟市场国家的"规则文化"不同，导致两国的公司治理理念和实践存在差异。

三 中国文化的网络维度对公司治理的影响

（一）从一般的中国文化的网络维度视角

中国文化的网络维度的特征重点体现在对"人情文化"的重视上，在公司治理研究中，有很多研究者注意到这一点，但结论发现，这种文化对公司治理的影响是正反双向的，甚至负面影响更甚。比如郑志刚等（2012）的研究就指出，在中国文化背景下，上市公司任人唯亲的董事会文化对经理人超额薪酬的影响严重。陆瑶和李茶（2016）也是针对儒家"人情文化"特点指出在中国，独立董事多被认为是"人情董事""花瓶董事"，经验检验证明，公司新增独董比例越高，公司违规的可能性越大；公司非独立董事与新增独董的总比例越高，公司违规的可能性也越大。陆瑶和胡江燕（2016）还研究了儒家文化特色的人情关系——"老乡"关系对公司违规行为的影响，结果发现 CEO 与董事间的"老乡"关系会显著提高公司违规倾向，同时降低违规后被查出的概率。商会文化也是中国文化的网络特征的一个表现，Du（2015）的一个研究用中国的商会文化分析了文化对公司行为的影响，研究却表明，商会文化与所有者 – 经理人代理成本显著负相关，说明中国古代的商会文化对现代高管行为依然有持续的重要影响，商会文化能够激励经理人降低代理冲突。

（二）从"关系"的视角

中国文化在网络维度上对"人情关系"的重视还使"关系"（Guanxi）在国内外学术界成为无论是文化人类学、社会学还是管理学中研究中国情境的一个专门的、必然的主题。大量的文献关注到，"关系"是中国社会个人之间和组织之间互动的有重要意义的一个文化特征。关系不仅指具体的人际关系，也是一种社会网络（Luo et al.，2012）。一旦两个人建立了关系，其中一个人就可以从另一个人那里要求帮忙，所以关系是基于这种"债"在未来的某个时间能被偿还的期待（Yang，1994）。关系本质上也是一种信念，一种文化，而且是中国企业活动的一个基础性变量，是企业有价值的资源和有效的治理机制（李敏等，2016；庄贵军，2012）。起源于儒家思想的关系实践，在中国社会和组织活动中长期、普遍存在，在信任、知识共享及决策行为等方面发挥着重要作用（宝贡敏等，2008），它影响了资源流和企业与环境的互动（Park and Luo，2001），正如李增泉（2017）指出，关系型交易是中国企业行为的重要特征，是相关研究国际化路径中重点关注的情境，所以研究中国情境中的文化与公司治理，关系是不能忽视的一个主题，

从"关系"视角开展的公司治理研究，其中一部分文献比较分析了中国的这种关系治理与西方治理模式的联系和区别，比如 Lau 和 Young（2013）就认为，中国基于关系的治理体系深受儒家学说影响，从发展趋势来看，中国不可能完全摒弃这种治理机制而改成西方的基于规则的机制。刘小浪、刘善仕、王红丽（2016）也指出，中国文化的情境性和依赖性使得中国式管理高度依赖关系规则，表现为关系型管理，"关系"实践始终构成了对规范组织制度的某种实质性替代，

本土组织"关系"理论与国际主流的组织社会资本理论有联系也有区别（沈毅，2012）。在会计研究上，李增泉（2017）也指出，中国企业更多地采用了关系型交易，与发达国家普遍采用市场化交易有显著不同，因此中国会计研究的国际化路径，以及构建基于中国特色实践的新理论，都要着眼于关系型交易开展研究。中国企业关系型交易对公司治理的影响研究得到了更多的关注。

强调关系治理在中国的重要性，Allen Franklin 等（2005）的一项关于中国经济的研究广为人知，他们认为关系是支持中国的私营部门快速发展的最重要的替代金融和治理机制之一，但他们并没有详细分析其机理，也没有进行经验检验，而 Xin 和 Pearce（1996）针对民营企业的研究则指出，在中国，由于对私人企业的法律保护欠发达，因此私人企业高管更加注重在社会中发展个人联系即"关系"，即欠发达的法律环境使得中国私人企业高管比国有企业和混合制企业更加依赖关系。

从关系如何影响公司治理具体机制的研究来看，其影响存在正反两种效应，既是正式制度的有益替代，也是协助利益输送的助手（陆蓉等，2012），但目前通过实证研究指出其负面影响的文献较多。例如，程敏英和魏明海（2013）的研究就表明，中国上市公司的关系股东通过持有大额股份、委派董事、监事或高级管理人员等方式参与公司的决策和管理，其拥有的董事会表决权和高管层话语权显著高于非关系股东，甚至高于其现金流权，获得了超额权力配置；陆瑶等（2016）研究指出，CEO与董事间的"老乡"关系会显著提高公司违规倾向（2016）。

在研究"关系"的具体影响机制时，研究者们还特别关注了民营企业和家族企业的关系治理，刘晓霞和饶育蕾（2012）将民营企业所有者与管理者的关系嵌入分成亲人、熟人和外人三类，并检验了这种关系嵌入对代理能力和代理成本的影响，结果发现，聘用外人关系的管理者比聘用亲人和熟人关系的管理者能显著提高代理能力，而其代理成本和聘用熟人关系的管理者没有显著差别，聘用亲人关系的管理者比非亲人关系的管理者能显著降低代理成本。李亚雄等（2008）则发现，在企业规模较小，家族成员持股比例较大时采用强关系弱契约的治理模式能带来更好的企业绩效，企业规模较大，家族成员持股比例相对变小时，企业采用强关系强契约的治理模式能带来更好的企业绩效。蒋神州（2011）则发现，董事会中的老校友关系与资金占用呈显著的正相关关系，董事会中的老同事关系与盈余管理呈显著的正相关关系，这说明董事会中存在某种可观测的关系结构会加剧掏空。李新春和陈灿（2005）的研究表明，中国家族企业的治理模式常包含关系治理和契约治理两种手段，两种治理手段交织形成了弱关系治理弱契约治理、弱关系治理强契约治理、强关系治理弱契约治理、强关系治理强契约治理四种治理模式，实证研究显示，在强关系治理强契约治理的模式下，家族企业才能取得最好的经济绩效（李新春等，2005）。

第四节　"关系"与"关系契约"研究

从上述分析可以看到，早期公司治理研究中的"关系"概念源自社会学，其视角主要是从中国文化的网络维度对公司治理问题开展研究，这里的关系指的是公司治理问题中的参与主体之间存在的相互联系，而且强调的是与正式契约关系相对的那些非正式关系，重点解析的是双方形成的类似"债"的责任义务与互动，更多研究强调了这种网络文化——"关系"相对于正式契约会对公司治理造成负面影响，当然在家族企业等背景下，也有研究证实了关系的正面积极影响。而本书提出的"关系契约"概念是一个源自法学的制度经济学概念，这里"关系"的实质是指高管激励中参与主体之间存在的相互联系，且也重点关注与正式契约关系相对的非正式关系，只不过强调的是关系双方的着眼于长远的合作，以及由此产生的对公司治理的积极作用。此"关系"非彼"关系"，但实际上，从本质来看，二者其实讨论的都是经济活动中参与方之间密切的互动机制，只是着眼于不同的视角。从理论基础来看，此前公司治理中的"关系"问题研究，并未涉及较系统深入的经济学理论分析，反而从社会学理论等角度分析得更多。李增泉（2017）指出产权经济学（制度经济学）是中国企业关系型交易研究的理论基础，从本书更深入的理论溯源可以看到，制度经济学中的关系契约理论正是关系型交易的有力支持。关系契约理论可以很好地解释那些"关系"对公司治理产生积极影响的发现，比如关系型交易、家族企业之所以也能取得很好的经济绩效，正是因为关系型交易参与方、家族成员等对长远合作关系的重视，相对于完全市场化交易中的参与方，他们的收益函数不同，不能简单地用传统的委托代理理论来解释，而应该用长期合作博弈等理论分析工具进行解析。而"关系"之所以同时被发现存在诸多负面影响，则是因为关系契约的自我履约性、不可被第三方证实、难以监管等特征造成的。关系契约理论对当前公司治理研究中的"关系"的积极和消极影响都给出了制度视角的经济学理论解释，从这个角度来看，上述两个视角的"关系"研究终将汇入同一条河流，只是相关的理论分析和实证研究仍需继续推进。

第五节　结论与展望

中国文化不仅深刻影响了中国等东亚公司治理模式的形成和演变，也对微观公司治理机制尤其是对包括所有权形式、控制权配置、董事会构成、独立董事和高管激励制度、经理人行为、大股东代理成本、家族企业治理、内部控制及信息披露等的内部治理机制产生了深刻影响。当前公司治理中中国文化视角的研究，主要探讨了中国文化在价值观、规范维度上的积极影响，以及网络维度特别是"关系"治理的负面影响。但这个领域正处于百花齐放的阶段，预期将会有更多高质量的文献出现，比如，在这个领域，中国学者亟待建立本土文化理论框架。目前国际上主流的以霍夫斯泰德的文化价值观维度理论为代表的文化理论主要还是从西方文化视角出发的分析，其可能过于一般化的解释并不一定能很好地应用于剖析特定文化，特别是中国文化。正如徐淑英（2015）指出的，用中国的文化来理解当代中国的实践是构建本土理论的尚佳方法（徐淑英等，2015），所以中国学者在这个方面还大有可为。当然，中国的研究也需要本土与国际化的结合，中国文化如何影响公司治理，既是本土化也是国际化的课题，尤其分析中国文化对公司治理的积极影响的普适性，是中国学者的责任和历史使命。从目前主流的制度经济学理论出发来解释中国情境中的问题，是被普遍认可的将中国问题研究国际化的一个更好的选择。从本书的研究可以看到，用制度经济学包括关系契约理论来解析中国企业的关系型交易，能将现有不同视角的"关系"研究整合到一个框架中来，未来在这个方向上还有很多有意义的工作可以开展。

第十章 结论

第一节 研究结论

本书第一章阐述了研究的总体意义和目的以及主要内容和框架。

第二章进行了文献综述,回顾了目前高管激励研究主要的理论框架"最优契约论"以及"管理层权力理论"等新的研究视角,还有目前从这些视角出发的主要研究结论,重点分析了当前最优契约论的实证研究遇到的问题,并指出理论预期与经验检验结论不一致的根本原因在于对现实中的高管契约的不完全性认识不足;随后介绍了近几年发展起来的不完全契约理论对契约不完全性的认识,以及关系契约理论的主要思想和控制权收益理论。

第三章在第二章文献综述的基础上,进一步基于关系契约理论和不完全契约理论,分析了高管激励契约的不完全性,指出现实中的高管激励契约是正式契约和关系契约的结合,是理性的所有者为了弥补高管激励初始契约的效率损失的一种对策,目的是更准确地评价高管努力水平,进而实现更全面有效的激励。在此基础上,本章提出了分析高管激励问题的一个新框架——关系契约论,作为对现有基本分析框架"最优契约论"的重要拓展。随后,本章用一个基于高管收益最大化的动态模型,对高管激励使用正式契约和关系契约的影响因素和内在机理进行了分析。结果表明,当高管能力水平较高、正式契约激励水平较低时,企业更倾向于增加使用关系契约对高管进行激励。本书同时用这一模型解释了"限薪令"的局限性。在中国,近些年企业高管薪酬水平的不断上涨催生了政府的"限薪令"，究竟这样的"限薪令"能否发挥预期的作用？从本书的分析来看，使用"限薪令"事实上是对正式契约中的高管显性薪酬进行的限制，但对高管的正式契约薪酬水平实施了管制的企业，却可以通过更大限度地依赖关系契约，即增加高管的关系契约收益，同样可能实现对高管的最优激励。这说明政府限制高管的正式契约收益水平的方式不会影响单个企业的最优高管激励决策，或者说目前"限薪令"因为没有对高管通过关系契约获得的收益进行约束，其预期作用是有限的。本书还对前述理论分析进行了仿真模拟，用算例验证了理性高管的最优关系契约收益水平受到高管能力水平等因素的影响，其影响机制与理论分析一致，且关系契约收益水平有可能远高于正式契约收益水平。本章对现实的启示在于：其一，高管的薪酬水平是由正式契约和关系契约共同决定的，如果只对正式契约规定的高管薪酬进行监管，所有者和高管可以转而更大限度地通过无法被公开观察的关系契约来实现高管激励，获得远大于高管薪酬的关系契约收益，因此现有的仅关注高管正式契约薪酬的"限薪令"作用是有限的；其二，应加强对高管关系契约收益的披露、测度和监管，比如在职消费，因为这些激励方式通常难以被第三方证实，常被忽略，所有者和监管者只有更准确地衡量高管所受到的正式契约和关系契约的激励总体水平，才能更准确地评价其激励效果，对其进行更合理的监管。

　　第四章是对高管激励关系契约论的一个实证分析，本章首先在第二章文献综述的基础上，正式提出了高管控制权收益的概念，解释了高管控制权及控制权收益的产生，并从高管控制权收益的组成和性质的角度分析了为什么可以把高管控制权收益看作高管通过关系契约获得的高管激励的一种。本章用一个合作博弈模型，从控制权收益视角，解释大股东和管理层通过合作博弈共同获取并分享控制权收益的机制，同时用这一模型解释了企业"一把手"权力集中的现象。模型分析认为，在这个合作博弈中，大股东的最优决策就是将企业的控制权配置给投资水平最高的唯一一位管理层，这就是造成企业"一把手"权力高度集中的重要原因。本文在分析中将管理层的专用型人力资本投资的类型分为三种，即投资是可替代的、可加的和互补的，理论模型分析结果显示，当投资是可替代和互补的时候，大股东的最优决策都是选择唯一一个投资水平最高的管理层成员参与其中，当投资是可加的时候，大股东获得最大收益时的管理层参与人数量大于1。但是，进一步的算例检验证明，在三种情况下，当投资是互补的时候，大股东获得的控制权收益最大，管理层个体和总的投资水平最高，管理层获得的控制权收益也最高，受到的激励也最大，因此，最终理性大股东的最优决策就是将控制权配置给投资水平最高的唯一一位管理层（"一把手"）。本章拓展了对控制权收益的认识，深化了现有文献对"一把手"权力集中现象的认识，同时也丰富了控制权收益问题的相关文献。

第五章到第八章，都是针对第三章所提出的高管激励的关系契约论，基于中国企业高管激励实践和数据开展的经验研究。第五章首先引用了一个拓展的委托代理模型对高管激励的关系契约论进行了进一步的形式化分析，随后对这一模型进行了经验检验，其结论支持了关系契约论的假设，并为高管激励的有效性提供了证据，也为中国新一轮国企改革中高管激励机制改革的思路提供了理论依据和经验支持。该拓展的委托代理模型解释了高管激励关系契约论中所指出的应该将高管对企业的总体贡献和可契约的绩效区分开来这一思想，指出当激励契约不是考虑可契约的产出，而是依据代理人的总体贡献确定激励水平时，才能实现最优激励。这支持了当前国企改革中要求高管绩效考核要考虑综合性绩效的指导思想。随后，本书的经验检验结论也显示，现实中的有效高管激励的确不仅仅考虑了可契约的绩效的改善，也考虑了不可契约的绩效的改善，即高管激励是基于高管对企业的总体贡献。而且检验还发现，相对民营企业，国有企业更倾向于通过对高管的总体贡献进行评价来确定其激励水平，产生这种现象的原因正是国有企业经营目标的多元化等因素，使得国有企业更愿意、更需要对高管的努力水平进行更全面的判断并以此给予激励，这就为当前的国企改革思路提供了理论和经验支持。

第六章从高管激励的关系契约论出发，指出在职消费是通过所有者与高管之间的关系契约形成的非正式激励机制。正是因为它是通过关系契约形成的，不能被强制执行，只能通过契约的自我履约性来保证实施，而实施过程中的契约双方的信息不对称，以及信息不能被第三方证实，共同导致了对在职消费的内外部监督薄弱，增加了自利的高管进行过度在职消费的机会和动力，因此造成了现实中在职消费水平高企不下，但激励效应较弱的现实，这就给进一步加强内外部监督提出了要求。本章随后用中国上市公司数据进行的经验检验验证了这一逻辑，包括在职消费的弱激励效应，其研究结论给高管激励实践和监管政策的启示是：当前有关政策将原来国企高管的"职务消费"说法取消，把合理的、必要的履职保障和合理支出确定为"履职待遇"和"业务支出"，这个政策区分了正常的在职消费和不合理的在职消费，使得对高管在职消费的监管有了明确的方向，值得肯定。但是，目前在在职消费监管的措施方面，还应该在充分认识在职消费的性质的基础上，进一步加强监督。为了强化在职消费的激励效应，降低其成本效应，就特别要采取措施加强对在职消费信息的披露，加强内外部监督，以最终起到改善公司治理、提高企业绩效的目的。而且这些措施都应该首先在国有企业里实施，因为本书的经验研究发现，在其货币薪酬受到管制以及高管受到政治身份约束等背景下，国有企业更倾向于使用更多的基于关系契约的、难以被第三方证实的在职消费作为高管的非正式激励机制。

　　第七章针对企业高管的政治激励现象，从高管激励的关系契约论角度出发，将其解释为一种通过关系契约获得的高管激励形式，并用中国上市公司高管的薪酬、绩效以及有关数据检验了政治激励与薪酬激励之间的关系假说。结论显示，对于总经理而言，政治激励与薪酬激励之间是互补关系的假设得到了验证；但对于董事长，未能得到显著的结果。另外，本章还检验了这种政治激励和薪酬激励对企业绩效的影响，结果显示，对于总经理而言，政治激励和薪酬激励都对企业绩效有正向的促进作用，而对董事长而言，薪酬激励的正向作用显著，而政治激励的作用不显著。这说明目前中国企业的总经理若担任了人大代表、政协委员，其所受到的激励效果要比董事长更为显著，而且这种激励对薪酬激励存在显著的互补效应，能够使得薪酬激励的绩效敏感性更高，即激励效果更显著。存在这种差异的原因，可能受制于目前中国企业高管的选聘制度的影响，对于国有企业或者国有控股企业而言，被选为董事长本身就是一种重要的政治激励，因此是否当选人大代表、政协委员对董事长而言，其激励效果远不如对于总经理那么明显。而总经理的选聘通常更容易使用市场机制，因此他们若能当选为人大代表、政协委员，其政治激励的意义更为重要，激励效果是显著的。本章的现实启示是，对于目前中国企业的总经理而言，能够当选人大代表和政协委员对其激励效果显著，因此应该更加重视在各个层次上选拔优秀的企业总经理成为人大代表、政协委员，这种政治激励的使用，能使得总经理现有的薪酬激励机制发挥更大的作用。

第八章从高管激励关系契约论的角度考察并证实了中国正在持续开展的反腐运动在微观企业层面的有效性。本书指出，中国企业尤其是国有企业高管，受到了多种关系契约激励，包括在职消费、政治激励等，而反腐行动严格控制了国企高管的在职消费，一定程度上削弱了其政治激励，因此短期内高管的总体激励水平会显著降低，但同时反腐也可以增强薪酬激励的有效性，有利于企业发展。随后的经验研究的结果恰好显示，虽然短期内反腐运动的监督作用因为减少了高管获取的在职消费等非薪酬激励，而降低了高管受到的总体激励水平，使得高管薪酬的激励效果被弱化。但是与此同时，反腐显著提高了高管薪酬的绩效敏感性，即反腐之后高管薪酬水平更加体现了企业绩效的决定作用。总的来看，反腐运动在短期内虽然弱化了高管薪酬激励效果，但是却显著提升了高管薪酬的绩效敏感性，提高了高管激励的有效性，提升了公司治理水平，是有利于企业长期发展的制度安排。从"管理层权力"理论的角度来看，超额非薪酬激励是管理层自利的结果，反腐通过对在职消费等高管不当行为的约束，减少了管理层权力的负面影响，提高了公司治理水平，也支持了反腐有效的观点。同时，本章的分析也支持了第三章、第六章的观点，即应该加强对高管通过关系契约获得的非薪酬激励的监管，以提高高管激励的整体效率。另外，本章也充实了 Murphy 提出的从政策干预角度理解高管薪酬激励的问题的相关文献，结果表明，政策干预是高管薪酬激励的重要影响因素。进一步的检验还发现，短期内国有企业高管努力水平的降低相对非国有企业更为显著，说明短期内反腐因在国有企业实施力度更大，带给其高管的冲击也更强，使得这个群体通过自利行为获取非薪酬激励的机会减少，进而造成的观望、抵触情绪或懒政怠政带来的努力水平的下降更显著。因此，反腐应该着眼于长期坚持，重点仍然在国有企业，不仅要禁止国有企业高管的各种不当行为，还要让国有企业高管意识到反腐不是短期行为，使反腐提高高管激励效率的正面作用能够持续发挥，最终起到提高企业效率，改善整体经济的目标。

第九章分析了中国文化与公司治理问题研究中的"关系"研究与本书的关系契约论的联系。当前公司治理中的"关系"研究从社会学的"关系"概念出发，强调了这种网络文化相对于正式契约会对公司治理造成的负面影响，而本书提出的"关系契约"概念源自法学，更强调关系双方着眼于长远的合作，以及由此产生的对公司治理的积极作用。制度经济学中的关系契约理论其实正是公司治理中的"关系"问题研究的经济学理论基础之一，可以对当前公司治理研究中的"关系"的积极和消极影响给出制度经济学理论上的解释，基于此，上述两个视角的"关系"研究本质上是一致的。

第二节　启示、局限与展望

本书提出的高管激励研究的一个新框架——关系契约论以及相应的理论分析和针对中国企业高管激励实践开展的实证研究得到的一系列结论对研究者们重新认识现实中的高管激励问题，特别是中国企业的高管激励实践有着以下重要启示：

（1）对于研究者而言，应该更加重视现实中的高管激励契约的不完全性，应该认识到理性的所有者为了更准确地衡量高管的努力水平，以更好地满足"最优契约论"的条件进而实现"最优激励"，会同时使用正式激励契约和关系激励契约，因此研究者们需要从仅仅关注那些可以公开观察到的正式激励契约转而更加注意到关系契约的使用；如果要评价高管激励的有效性，就不能只考虑显性或正式激励契约，而需要将正式契约与关系激励契约纳入一个整体框架下来综合评判，这能帮助研究者得出不同的结论，因为仅仅正式激励契约对高管努力水平的衡量准确性不足，而关系契约不仅可以在所有者和高管之间约定仅双方可观察的主观、灵活的绩效测量指标，使对高管的努力水平衡量更加准确，还可以就薪酬以外的其他激励方式达成一致，当然其前提是双方对持续的未来合作关系高度重视，即关系契约存在自我履约性。

（2）对企业所有者而言，高管激励的关系契约论强调了在实践中应充分认识到主观、灵活的绩效评价指标在高管绩效评价中的作用，所有者除了使用客观绩效指标外，应重视对主观绩效指标的选择以及主观评价方式的使用，以便更准确地衡量高管的努力水平对企业绩效的作用，进而能促使激励目标更好实现。当然，由于关系契约只需要获得缔约双方能观察到的信息以及认可就可以执行，也可能给所有者对高管的监督带来了新的成本，这也是所有者在决策的时候需要考虑的。

（3）对企业所有者而言，还应充分认识到高管在企业获得的各种薪酬以外的其他一些显性或隐性收益即通过关系契约获得的激励也是高管激励的重要组成部分，应该把薪酬激励和这些激励放到一个整体激励方案中来思考，尤其要注意高管通过自己的控制权在企业获得的控制权私有收益，这种全面的认识对所有者加强对高管的监督，尤其是对企业"一把手"的监督，提高激励的效率有重要意义。

（4）对政府及社会监管者而言，从高管激励的关系契约论的分析可知，如果实行仅仅限制显性薪酬水平的"限薪令"，其作用效果有限，因为企业实际中可以通过更大比重地使用关系契约，即增加高管的隐性收益，如政治激励、在职消费等，同样能够实现对高管的最优激励，这一点对于理解当前的"低薪高管"和"零薪酬"现象也有着重要的现实意义，另外，这也表明最新出台的系列国企改革方案强调综合绩效，强调差异化薪酬方案等，不是简单地采取"限薪令"，而是改革举措的不断优化。同时，国家持续的反腐，严格控制了高管的在职消费等隐性收益，比简单的"限薪令"更能提高长期的高管激励效率，也是有益的制度选择。总之，应加强对企业高管的隐性激励披露、测度和监管，因为根据关系契约的性质，这些激励方式难以被第三方证实，常被监管者忽略。

本书提出了高管激励问题研究的新的分析框架——关系契约论，并针对中国企业高管激励实践开展了一系列实证研究，对中国企业高管激励的诸多复杂现实给出了新的合理解释。相对于基于完全契约理论的"最优契约论"，这一理论框架是一个重要拓展，尤其对分析中国特色的公司治理和高管激励实践是恰如其分的选择。但是因为关系契约理论尚在不断发展完善中，Williamson 将其从法学领域引入交易成本经济学时，也未能对其进行规范的经济学形式化分析，因此高管激励的"关系契约论"也需要继续夯实经济学理论基础，特别是更成熟的理论解析。相对于不完全契约理论中更为成熟的"产权理论"分支，这是关系契约理论的缺憾，需要继续推进相关理论研究。另外，这一研究框架也需要更多的实证研究来充实和完善，这些都有待于今后研究工作的继续。

参考文献

宝贡敏、史江涛：《中国文化背景下的"关系"研究述评》，《心理科学》2008 年第 4 期。

曹德春：《解析公司治理模式：跨文化视角》，《经济经纬》2006 年第 3 期。

Cheffins Brian R.：《2008 年股市崩溃期间公司治理失败了吗？——以标准普尔 500 指数为例》，《比较》2009 年第 6 期。

陈冬华、陈信元、万华林：《国有企业中的薪酬管制与在职消费》，《经济研究》2005 年第 2 期。

陈冬华、胡晓莉、梁上坤、新夫：《宗教传统与公司治理》，《经济研究》2013 年第 9 期。

陈冬华、梁上坤、蒋德权：《不同市场化进程下高管激励契约的成本与选择：货币薪酬与在职消费》，《会计研究》2010 年第 11 期。

陈仕华、杨江变、杨周萍：《儒家文化与高管——员工薪酬差距》，《财贸研究》2020 年第 5 期。

程敏英、魏明海：《关系股东的权力超额配置》，《中国工业经济》2013 年第 10 期。

窦炜、刘星：《基于控制权私有收益视角的大股东控制与公司治理理论研究综述》，《经济与管理研究》2010 年第 2 期。

方军雄：《我国上市公司高管的薪酬存在粘性吗?》，《经济研究》2009 年第 3 期。

古志辉：《全球化情境中的儒家伦理与代理成本》，《管理世界》2015 年第 3 期。

何杰、王果：《上市公司高管薪酬现实状况、变化趋势与决定因素》，

《改革》2011 年第 2 期。

何轩、李新春:《中庸理性影响下的家族企业股权配置:中国本土化的实证研究》,《管理工程学报》2014 年第 1 期。

何亚东、胡涛:《委托代理理论述评》,《山西财经大学学报》2002 年第 3 期。

贺建刚:《宗教传统与资本市场会计研究:文献述评》,《会计研究》2015 年第 11 期。

胡天存、杨鸥:《究竟是谁掌握中国上市公司控制权》,《经济界》2004 年第 6 期。

黄群慧:《控制权作为企业家的激励约束因素:理论分析及现实解释意义》,《经济研究》2000 年第 1 期。

黄速建、余菁:《国有企业的性质、目标与社会责任》,《中国工业经济》2006 年第 2 期。

贾明、张喆、万迪昉:《控制权私人收益相关研究综述》,《会计研究》2007 年第 6 期。

姜彦福、周刚、雷家骕:《信息结构、契约理论与公司治理》,《当代经济研究》2001 年第 1 期。

蒋神州:《泛家文化、差序格局与公司治理的合谋防范》,《社会科学家》2010 年第 7 期。

蒋神州:《关系差序偏好、董事会羊群行为与掏空》,《南方经济》2011 年第 9 期。

黎文靖、池勤伟:《高管职务消费对企业业绩影响机理研究——基于产权性质的视角》,《中国工业经济》2015 年第 4 期。

黎文靖、卢锐:《管理层权力与会计信息质量———来自中国证券市场的经验证据》,《山西财经大学学报》2007 年第 8 期。

李春琦:《国有企业经营者的声誉激励问题研究》,《财经研究》2002 年第 2 期。

李敏、李章森、王崇巍、刘晨韵:《中国文化语境下企业外部"关系"研究述评》,《管理学报》2016 年第 5 期。

李瑞海、陈宏民、邹礼瑞:《中国上市公司控制权转移收益问题实证研究》,《上海交通大学学报》2005 年第 10 期。

李善民、毛雅娟、赵晶晶:《高管持股、高管的私有收益与公司的并购行为》,《管理科学》2009 年第 12 期。

李新春、陈灿:《家族企业的关系治理:一个探索性研究》,《中山大学学报》(社会科学版) 2005 年第 6 期。

李亚雄、王兆华、赵玮妮:《家族企业的治理模式与企业绩效的实证分析——以中国正泰集团为例》,《科研管理》2008 年第 S2 期。

李增泉:《关系型交易的会计治理——关于中国会计研究国际化的范式探析》,《财经研究》2017 年第 2 期。

林毅夫:《经济发展与中国文化的复兴》,《北京大学学报》(哲学社会科学版) 2009 年第 3 期。

蔺子荣、王益民:《中国传统文化与东方伦理型市场经济》,《中国社会科学》1995 年第 1 期。

刘小浪、刘善仕、王红丽:《关系如何发挥组织理性——本土企业差异化人力资源管理构型的跨案例研究》,《南开管理评论》2016 年第 2 期。

刘晓霞、饶育蕾:《代理能力与代理成本:一个关系嵌入的视角》,《印度洋经济体研究》2012 年第 4 期。

卢锐、魏明海、黎文靖:《管理层权力、在职消费与产权效率——来自中国上市公司的证据》,《南开管理评论》2008 年第 5 期。

陆蓉、邹富:《金融学中的关系研究评述》,《经济学动态》2012 年第 2 期。

陆瑶、胡江燕:《CEO 与董事间"老乡"关系对公司违规行为的影响研究》,《南开管理评论》2016 年第 2 期。

陆瑶、李茶:《CEO 对董事会的影响力与上市公司违规犯罪》,《金融研究》2016 年第 1 期。

罗宏、曾永良、宛玲羽:《薪酬攀比、盈余管理与高管薪酬操纵》,《南开管理评论》2016 年第 2 期。

吕洪霞、丁文锋:《家族企业治理模式的国际比较及其对中国的启示》,《当代经济科学》2006 年第 1 期。

吕长江、严明珠、郑慧莲、许静静：《为什么上市公司选择股权激励计划》，《会计研究》2011 年第 1 期。

马磊、徐向艺：《上市公司控制权私有收益计量方法的比较及其改进》，《山东大学学报》（哲学社会科学版）2007 年第 2 期。

聂辉华：《交易费用经济学：过去、现在和未来——兼评威廉姆森《资本主义经济制度》，《管理世界》2004 年第 12 期。

聂辉华：《不完全契约理论的转变》，《教学与研究》2011 年第 1 期。

聂辉华：《契约理论的起源，发展和分歧》，《经济社会体制比较》2017 年第 1 期。

聂辉华、杨瑞龙：《不完全契约理论：一个综述》，《经济研究》2006 年第 2 期。

潘越、汤旭东、宁博：《俭以养德：儒家文化与高管在职消费》，《厦门大学学报》（哲学社会科学版）2020 年第 1 期。

曲扬：《公司治理模式与国家文化的关联性研究》，《中央财经大学学报》2005 年第 8 期。

权小锋、吴世农、文芳：《管理层权力、私有收益与薪酬操纵》，《经济研究》2010 年第 11 期。

冉戎、刘星：《合理控制权私有收益与超额控制权私有收益——基于中小股东视角的解释》，《管理科学学报》2010 年第 6 期。

沈艺峰、陈旋：《无绩效考核下外部独立董事薪酬的决定》，《南开管理评论》2016 年第 2 期。

沈艺峰、李培功：《政府限薪令与国有企业高管薪酬、业绩和运气关系的研究》，《中国工业经济》2010 年第 11 期。

沈毅：《体制转型背景下的本土组织领导模式变迁——以某国有改制企业的组织"关系"实践为例》，《管理世界》2012 年第 12 期。

石水平：《控制权转移　超控制权与大股东利益侵占——来自上市公司高管变更的经验证据》，《金融研究》2010 年第 4 期。

宋德舜：《国有控股、最高决策者激励与公司绩效》，《中国工业经济》2004 年第 3 期。

宋增基、郭桂玺、张宗益：《公司经营者物质报酬、政治激励与经营绩效》，《当代经济科学》2011 年第 4 期。

苏冬蔚、林大庞：《股权激励、盈余管理与公司治理》，《经济研究》2010 年第 11 期。

苏启林、钟乃雄：《民营上市公司控制权形成及其影响研究》，《管理世界》2005 年第 1 期。

孙世敏、柳绿、陈怡秀：《在职消费经济效应形成机理及公司治理对其影响》，《中国工业经济》2016 年第 1 期。

唐宗明、蒋位：《中国上市公司大股东侵害度实证分析》，《经济研究》2002 年第 4 期。

童卫华：《我国国有企业高管人员报酬：控制权激励观》，《经济学家》2005 年第 6 期。

王曾、符国群、黄丹阳、汪剑锋：《国有企业 Ceo "政治晋升"与"在职消费"关系研究》，《管理世界》2014 年第 5 期。

魏刚：《高级管理层激励与上市公司经营绩效》，《经济研究》2000 年第 3 期。

吴冬梅、庄新田：《所有权性质、公司治理与控制权私人收益》，《管理评论》2010 年第 7 期。

吴晓、刘世林：《基于"规则文化"差异的中西方公司治理比较研究》，《中国软科学》2011 年第 10 期。

吴育辉、吴世农：《高管薪酬：激励还是自利?》，《会计研究》2010 年第 11 期。

武常歧、钱婷、张竹、轩宇欣：《中国国有企业管理研究的发展与演变》，《南开管理评论》2019 年第 4 期。

夏永强：《儒家伦理与东亚微观经济结构中的激励机制》，《财经研究》1996 年第 1 期。

徐菁、黄珺：《大股东控制权收益的分享与控制机制研究》，《会计研究》2009 年第 8 期。

徐宁、谭安杰：《控制权收益及其资本化趋势》，《会计研究》2003 年第 9 期。

徐淑英、吕力：《中国本土管理研究的理论与实践问题：对徐淑英的访谈》，《管理学报》2015 年第 3 期。

徐细雄、李万利：《儒家传统与企业创新：文化的力量》，《金融研究》2019 年第 9 期。

徐细雄、谭瑾：《高管薪酬契约、参照点效应及其治理效果：基于行为经济学的理论解释与经验证据》，《南开管理评论》2014 年第 4 期。

徐向艺、陆淑婧、方政：《高管显性激励与代理成本关系研究述评与未来展望》，《外国经济与管理》2016 年第 1 期。

杨典：《公司治理与企业绩效——基于中国经验的社会学分析》，《中国社会科学》2013 年第 1 期。

杨宏力：《不完全契约理论前沿进展》，《经济学动态》2012 年第 1 期。

杨瑞龙、杨其静：《企业理论：现代观点》，中国人民大学出版社 2005 年版。

易法敏、文晓巍：《新经济社会学中的嵌入理论研究评述》，《经济学动态》2009 年第 8 期。

张霖琳、刘峰、蔡贵龙：《监管独立性、市场化进程与国企高管晋升机制的执行效果》，《管理世界》2015 年第 10 期。

张楠、卢洪友：《薪酬管制会减少国有企业高管收入吗——来自政府"限薪令"的准自然实验》，《经济学动态》2017 年第 3 期。

张维迎：《经济学家看法律、文化与历史（上）》，《中外管理导报》2001 年第 2 期。

张屹山、王广亮：《经济学研究的权力范式导论》，《学习与探索》2008 年第 1 期。

赵昌文、蒲自立、杨安华：《中国上市公司控制权私有收益的度量及影响因素》，《中国工业经济》2004 年第 6 期。

赵颖：《中国上市公司高管薪酬的同群效应分析》，《中国工业经济》2016 年第 2 期。

甄红线：《东亚终极所有权结构比较研究》，《经济学动态》2011 年第 10 期。

郑志刚、孙娟娟、Oliver：《任人唯亲的董事会文化和经理人超额薪酬问题》，《经济研究》2012 年第 12 期。

周铭山、张倩倩：《"面子工程"还是"真才实干"——基于政治晋升激励下的国有企业创新研究》，《管理世界》2016 年第 12 期。

周其仁：《"控制权回报"与"企业家控制的企业"——公有制经济中企业家人力资本产权的个案研究》，《经济研究》1997 年第 5 期。

朱国泓、杜兴强：《控制权的来源与本质：拓展、融合及深化》，《会计研究》2010 年第 5 期。

朱国泓、张璐芳：《宗教的公司治理作用机制和影响效应研究述评与未来展望》，《外国经济与管理》2013 年第 7 期。

庄贵军：《关系在中国的文化内涵：管理学者的视角》，《当代经济科学》2012 年第 1 期。

Aguilera, R. V. and Jackson, G., "Comparative and International Corporate Governance", *Academy of Management Annal*, Vol. 4, No. 1, 2010.

Alesina, A. and Giuliano, P., "Culture and Institutions", *Journal of Economic Literature*, Vol. 29 – 30, No. 14, 2015.

Allen, F., Qian, J. and Qian, M., "Law, Finance, and Economic Growthin China", *Journal of Financial Economics*, Vol. 77, No. 1, 2005.

Amihud, Y. and Lev, B., "Risk Reduction as a Managerial Motive for Conglomerate Mergers", *The Bell Journal of Economics*, Vol. 12, No. 2, 1981.

Andrews, I. and Barron, D., "The Allocation of Future Business：Dynamic Relational Contracts with Multiple Agents", *American Economic Review*, Vol. 106, No. 9, 2016.

Baker, G., Gibbons, R. and Murphy, K. J., "Subjective Performance Measures in Optimal Incentive Contracts", *The Quarterly Journal of Economics*, Vol. 109, No. 4, 1994.

Baker, G., Gibbons, R. and Murphy, K. J., "Relational Contract and the

Theory of the Firm", *The Quarterly Journal of Economics*, Vol. 117, No. 1, 2002.

Barkema, H. G. and Gomez – Mejia, L. R., "Managerial Compensation and Firm Performance: A General Research Framework", *The Academy of Management Journal*, Vol. 41, No. 2, 1998.

Bebchuk, L. A. and Fried, J. M., "Executive Compensation as an Agency Problem", *Journal of Economic Perspectives*, Vol. 17, 2003.

Bebchuk, L. A., Fried, J. M. and Walker, D. I., "Managerial Power and Rent Extraction in the Design of Executive Compensation", *The University of Chicago Law Review*, Vol. 69, No. 3, 2002.

Blader, S., Gartenberg, C., Henderson, R., and Prat, A., "The Real Efect of Relational Contracts", The American Economic Review, Vol. 105, No. 5, 2015.

Boubakri, N., Guedhami, O., Kwok, C. C. and Saffar, W., "National Culture and Privatization: The Relationship Between Collectivism and Residual State Ownership", *Journal of International Business Studies*, Vol. 47, No. 2, 2016.

Buck, T., Bruce, A., Main, B. G. M. and Udueni, H., "Long Term Incentive Plans, Executive Pay and Uk Company Performance", *Journal of Management Studies*, Vol. 40, No. 7, 2003.

Casson, M., "Cultural Determinants of Economic Performance", *Journal of Comparative Economics*, Vol. 17, 1993.

Chan, Alex Chu Kwong and Young, Angus, Chinese Corporate Governance Regime from a Historical – Cultaral Derspectiove: Rethinking Confucion System of Governance, SSRN (Social Science Research Network) Working Paper 2156300, 2012.

Chen Z., Guan Y., Ke B., "Are stock option grants to directors of state – controlled Chinese firms listed in HongKong genuine compensation?" The Accounting Review, Vol. 88, No. 5, 2013.

Chhaochharia, V. and Grinstein, Y., "Ceo Compensation and Board

Structure", *The Journal of Finance*, Vol. LXIV, No. 1, 2009.

Claessens, S., Djankov, S. and Lang, L. H. P., "The Seperation of Ownership and Control in East Asian Corporations", *Journal of Financial Economics*, Vol. 58, 2000.

Coase, R. H., "The Nature of the Firm", *Economica*, Vol. 4, No. 16, 1937.

Combs, J. G. and Skill, M. S., "Managerialist and Human Capital Explanations for Key Executive Pay Premiums: a Contingency Perspective", *The Academy of Management Journal*, Vol. 46, No. 1, 2003.

Deb, J., Li, J. and Mukherjee, A., "Relational Contracts with Subjective Peer Evaluations", *The Rand Journal of Economics*, Vol. 47, No. 1, 2016.

Du, X., "Does Religion Matter to Owner – Manager Agency Costs? Evidence From China", *Journal of Business Ethics*, Vol. 118, No. 2, 2013.

Du, X., "Does Religion Mitigate Tunneling? Evidence From Chinese Buddhism", *Journal of Business Ethics*, Vol. 125, No. 2, 2014.

Du, X., "Does Confucianism Reduce Minority Shareholder Expropriation? Evidence From China", *Journal of Business Ethics*, Vol. 132, No. 4, 2015.

Du, X., "Does Confucianism Reduce Board Gender Diversity? Firm – Level Evidence From China", *Journal of Business Ethics*, Vol. 136, No. 2, 2016.

Du, X., "Religious Belief, Corporate Philanthropy, and Political Involvement of Entrepreneurs in Chinese Family Firms", *Journal of Business Ethics*, Vol. 142, No. 2, 2017.

Du, X., Weng, J., Zeng, Q. and Pei, H., "Culture, Marketization, and Owner – Manager Agency Costs: A Case of Merchant Guild Culture in China", *Journal of Business Ethics*, Vol. 143, No. 2, 2015.

Van Essen, M., Otten, J., and Carberry, E., "Assessing Managerial Power Theory: A Meta – Analytic Approach to Understanding the Determinants of CEO Compensation", *Journal of Managemeat*, Vol. 41, No. 1, 2012.

Edmans, A. and Gabaix, X., "Executive Compensation: A Modern Primer", *Journal of Economic Literature*, Vol. 54, No. 4, 2016.

Firth, M., Fung, P. M. Y. and Rui, O. M., "Corporate Performance and Ceo Compensation in China", *Journal of Corporate Finance*, Vol. 12, No. 4, 2006.

Firth, M., Tam, M. and Tang, M., "The Determinants of Top Management Pay", *Omega*, Vol. 27, 1999.

Fong, Y. and Li, J., "Information Revelation in Relational Contracts", *The Review of Economic Studies*, Vol. 84, No. 1, 2017.

Frydman, C. and Jenter, D., "Ceo Compensation", *Annual Review of Financial Economics*, Vol. 2, No. 1, 2010.

Frydman, C. and Saks, R. E., "Executive Compensation: A New View From a Long – Term Perspective, 1936 – 2005", *Review of Financial Studies*, Vol. 23, No. 5, 2010.

Gabaix, X. and Landier, A., "Why Has Ceo Pay Increased so Much", *Quarterly Journal of Economics*, Vol. 123, No. 1, 2008.

Gabaix, X., Landier, A. and Sauvagnat, J., "Ceo Pay and Firm Size: An Update After the Crisis", *The Economic Journal*, Vol. 124, No. 574, 2014.

Gayle, G. and Miller, R. A., "Has Moral Hazard Become a More Important Factor in Managerial Compensation?", *The American Economic Review*, Vol. 99, No. 5, 2009.

Gibbons, R. and Henderson, R., "Relational Contracts and Organizational Capabilities", *Organization Science*, Vol. 23, No. 5, 2013.

Gibbons, R. and Murphy, K. J., "Optimal Incentive Contracts in the Presence of Career Concerns: Theory and Evidence", *The Journal of Political Economy*, Vol. 100, No. 3, 1992.

Gibbons, R. and Roberts, J., Handbook of Organizational Economics,

Princeton University Press, 2013.

Gillan, S. L., Hartzell, J. C. and Parrino, R., "Explicit Versus Implicit Contracts: Evidence From Ceo Employment Agreements", *The Journal of Finance*, Vol. 64, No. 4, 2009.

Goergen, M. and Renneboog, L., "Managerial Compensation", *Journal of Corporate Finance*, Vol. 17, 2011.

Griffin, D., Guedhami, O., Kwok, C. C. Y., Li, K. and Shao, L., "National Culture: The Missing Country – Level Determinant of Corporate Governance", *Journal of International Business Studies*, Vol. 48, No. 6, 2017.

Grossman, S. J. and Hart, O. D., "Takeover Bids, the Free – Rider Problem, and the Theory of the Corporation", *The Bell Journal of Economics*, Vol. 11, No. 1, 1980.

Grossman, S. J. and Hart, O. D., "One Share/One Vote and the Market for Corporate Control", *Journal of Financial Economics*, Vol. 20, 1988.

Guiso, L., Sapienza, P. and Zingales, L., "Does Culture Affect Economic Outcomes?", *Journal of Economic Perspectives*, Vol. 20, No. 2, 2006.

Hofsted, Geert: https://geert – hofstede. com/countrice. html, 2017.

Holmstrom, B., "Moral Hazard and Observability", *The Bell Journal of Economics*, Vol. 10, No. 1, 1979.

Holmstrom, B., "Pay for Performance and Beyond", American Economic Review, Vol. 107, No. 7, 2017.

Jensen, M. C. and Meckling, W. H., "Theory of the Firm: Managerial Behavior, Agency Costs and Ownership Structure", *Journal of Financial Economics*, Vol. 3, No. 4, 1976.

Jensen, M. C. and Murphy, K. J., "Performance Pay and Top – Management Incentives", *Journal of Political Economy*, Vol. 98, No. 4, 1990.

Jiang, F. and Kim, K. A., "Corporate Governance in China: A Modern Perspective", *Journal of Corporate Finance*, Vol. 32, No. 6, 2015.

Kaplan, S. N. and Rauh, J., "Wall Street and Main Street: What Contributes to the Rise in the Highest Incomes?", *Review of Financial Studies*, *Vol. 23*, *No. 3*, *2010*.

Ke B, Rui O, Yu W. , "HongKong stock listing and the sensitivity of managerial compensation to firm performance in state – controlled Chinese firms", *Review of Accounting Studies*, Vol. 17, No. 1, 2012.

La Porta, R. , Lopez – De – Silanes, F. and Shleifer, A. , "Corporate Ownership Around the World", *The Journal of Finance*, Vol. LIV, No. 2, 1999.

La Porta, R. , Lopez – De – Silanes, F. , Shleifer, A. and Vishny, R. W. , "Trust in Large Organization", *American Economic Review*, Vol. 87, No. 2, 1997.

La Porta, R. , Lopez – De – Silanes, F. , Shleifer, A. and Vishny, R. W. , "Law and Finance", *Journal of Political Economy*, Vol. 106, No. 6, 1998.

La Porta, R. , Lopez – De – Silanes, F. , Shleifer, A. and Vishny, R. , "Investor Protection and Corporate Governance", *Journal of Financial Economics*, Vol. 59, No. 3, 2000.

Lau, K. L. A. and Young, A. , "Why China Shall Not Completely Transit From a Relation Based to a Rule Based Governance Regime: A Chinese Perspective", *Corporate Governance: An International Review*, Vol. 21, No. 6, 2013.

Levin, J. , "Relational Incentive Contracts", The American Economic Review, Vol. 93, No. 3, 2003.

Licht, A. N. , "Culture and Law in Corporate Governance", *Oxford Handbook on Law and Corporate Governance*, Oxford University Press, 2014.

Licht, A. N. , Goldschmidt, C. and Schwartz, S. H. , "Culture, Law, and Corporate Governance", *International Review of Law and Economics*, Vol. 25, No. 2, 2005.

Luo, Y. , Huang, Y. and Wang, S. L. , "Guanxi and Organizational Performance: A Meta – Analysis", *Management and Organization Review*,

Vol. 8, No. 1, 2012.

Macneil, I. R. , "Contracts: Adjustment of Long – Term Economic Relations Under Classical, Neoclassical, and Relational Contract Law", *Northwest University Law Review*, Vol. 72, No. 6, 1978.

Mehran, H. , "Executive Compensation Structure, Ownership, and Firm Performance", *Journal of Financial Economics*, Vol. 38, 1995.

Mirrlees, J. A. , "The Optimal Structure of Incentives and Authority within an Organization", *The Bell Journal of Economics*, Vol. 7, No. 1, 1976.

Morse, A. , Nanda, V. and Seru, A. , "Are Incentive Contracts Rigged by Powerful Ceos?", *The Journal of Finance*, Vol. LXVI, No. 5, 2011.

Murphy, K. J. and Zabojnik, J. , "Managerial Capital and the Market for Ceos", Queen's Economics Department Working Paper No. 1110, 2006.

Park, S. H. and Luo, Y. , "Guanxi and Organizational Dynamics: Organizational Networking in Chinese Firms", *Strategic Management Journal*, Vol. 22, No. 5, 2001.

Rajan, R. G. and Wulf, J. , "Are Perks Purely Managerial Excess?", *Journal of Financial Economics*, Vol. 79, No. 1, 2006.

Salzmann, A. J. and Soypak, C. K. , "National Culture and Private Benefits of Control", *Finance Research Letters*, Vol. 20, 2017.

Shleifer, A. and Vishny, R. W. , "Management Entrenchment – the Case of Manager – Specific Investments", *Journal of Financial Economics*, Vol. 25, No. 1, 1989.

Shleifer, A. and Vishny, R. W. , "A Survey of Corporate Governance", *The Journal of Finance*, Vol. 52, No. 2, 1997.

Throsby, D. , *Economics and Culture*, Cambridge University Press, 2001.

Van Essen, M. , Otten, J. and Carberry, E. J. , "Assessing Managerial Power Theory: A Meta – Analytic Approach to Understanding the Determinants of Ceo Compensation", *Journal of Management*, Vol. 41, No. 1, 2012.

Williamson, O. E. , *The Economic Institutions of Capitalism*, New York: Free Press, 1985.

Williamson, O. E. , "The New Institutional Economics: Taking Stock, Looking Ahead", *Journal of Economic Literature*, Vol. XXXVIII, 2000.

Xin, K. R. and Pearce, J. L. , "Guanxi: Connections as Substitutes for Formal Institutional Support", *Academy of Management Journal*, Vol. 39, No. 6, 1996.

Yang, M. M. , Gifts, Favors, and Banquets: The Art of Social Relationships in China, Cornell University Press, 1994.

Zhang, X. , Liang, X. and Sun, H. , "Individualism – Collectivism, Private Benefits of Control, and Earnings Management: A Cross – Culture Comparison", *Journal of Business Ethics*, Vol. 114, No. 4, 2013.